Nietzsche Entlarven: Eine Christliche Antwort

Christian Apologetics

Dr Samuel James

Published by Samuel Inbaraja S, 2023.

While every precaution has been taken in the preparation of this book, the publisher assumes no responsibility for errors or omissions, or for damages resulting from the use of the information contained herein.

NIETZSCHE ENTLARVEN: EINE CHRISTLICHE ANTWORT

First edition. November 14, 2023.

Written by Dr Samuel James.

Also by Dr Samuel James

Business Success Secrets Series
Branding-Geheimnisse von Top-Marken des 21. Jahrhunderts

Christian Apologetics
Debunking Dawkins A Christian Response
Debunking Sam Harris: A Christian Response
Nietzsche Entlarven: Eine Christliche Antwort

Standalone
Debunking Bertrand Russel: A Christian Response
Debunking Nietzsche: A Christian Response

Watch for more at https://www.linkedin.com/in/dr-samuel-inbaraja/.

Inhaltsverzeichnis

Nietzsche Entlarven: Eine Christliche Antwort

DR. SAMUEL JAMES

https://www.linkedin.com/in/dr-samuel-inbaraja/

NIETZSCHE ENTLARVEN: EINE CHRISTLICHE ANTWORT

Inhalt

Bucheinführung

———

D ie Philosophie Friedrich Nietzsches übte immensen Einfluss auf den modernen intellektuellen Diskurs aus und durchdrang Bereiche von Literatur und Psychologie bis hin zu Religionswissenschaft und politischer Theorie. Als scharfer Kritiker des institutionalisierten Christentums haben Nietzsches provokative Ideen das christliche Denken vor zahlreiche Herausforderungen gestellt. Seine Vorstellungen wie der „Tod Gottes", der Übermensch und der Wille zur Macht waren Gegenstand unzähliger wissenschaftlicher Untersuchungen, Debatten und Diskussionen. Dieses Buch mit dem Titel „Unveiling the Mirage: A Christian Rebuttal to Nietzsche's Philosophy" zielt darauf ab, einen kritischen, aber dennoch respektvollen Blick auf Nietzsches Philosophie durch die Linse der christlichen Lehre und Theologie zu werfen.

Warum ist Nietzsche im christlichen Kontext wichtig? Erstens führt das Ignorieren einflussreicher Denker nicht dazu, dass ihre Ideen verschwinden. Nietzsches Einfluss auf den Atheismus, den Existentialismus und sogar bestimmte Strömungen des religiösen Denkens ist weitreichend. Zweitens äußerte sich Nietzsche zwar kritisch zum Christentum, lieferte aber auch Beobachtungen und Kritiken, die dazu dienen können, den christlichen Glauben zu verfeinern und nicht einfach abzulehnen. Durch die intensive Auseinandersetzung mit Nietzsche haben wir die Möglichkeit, unser Verständnis unserer eigenen Überzeugungen zu stärken.

Eine der ikonischsten Aussagen Nietzsches, „Gott ist tot", wurde auf verschiedene Weise interpretiert, uminterpretiert und falsch interpretiert. Während manche darin eine triumphale Erklärung des Atheismus sehen, sehen andere darin eine Klage über den Verlust des religiösen Glaubens in der modernen Gesellschaft. Dieses Buch versucht,

5

die Tiefe dieses und vieler anderer Sätze zu ergründen, ihre Gültigkeit anhand der christlichen Lehre zu bewerten und bei Bedarf Gegenargumente anzubieten.

Ebenso missverstanden wird Nietzsches Konzept des Übermenschen, ein Begriff, der im Laufe der Geschichte für verschiedene politische und ideologische Zwecke vereinnahmt wurde. Unser Ziel ist es, zu klären, was Nietzsche mit diesem Begriff wirklich meinte, und seine ethischen Implikationen kritisch zu untersuchen.

Nietzsches Idee des „Willens zur Macht" ist ein weiteres Konzept, das einer gründlichen Untersuchung bedarf. Indem wir es mit den Lehren der Bibel in Einklang bringen, insbesondere im Kontext der Moral und der menschlichen Seele, wollen wir eine ausgewogene und differenzierte Kritik von Nietzsches Perspektive anbieten.

In den folgenden Kapiteln werden wir verschiedene Aspekte von Nietzsches Philosophie analysieren, von seinen Ansichten über Moral, Rationalität und Leiden bis hin zu seiner Kritik des asketischen Ideals und dem Problem des Bösen. Ziel jedes Kapitels ist es, die Nuancen und Komplexität von Nietzsches Argumenten zu beleuchten und gleichzeitig eine solide christliche Antwort zu geben.

Der Zweck dieses Buches besteht nicht darin, Nietzsche zu dämonisieren oder den Reichtum seines Denkens auf vereinfachende Kritiken zu reduzieren. Unser Ziel ist es vielmehr, einen konstruktiven Dialog zu führen, der sowohl das christliche als auch das nietzscheanische Verständnis bereichert. Auch wenn Sie möglicherweise nicht mit jedem Punkt in diesem Buch einverstanden sind, besteht die Absicht darin, eine gründliche, begründete und respektvolle Auseinandersetzung mit einem der einflussreichsten Philosophen unserer Zeit zu ermöglichen.

Dabei werden wir uns bemühen, die durch Nietzsches überzeugende, aber fehlerhafte Argumente geschaffene Fata Morgana aufzudecken und auf diese Weise hoffentlich ein tieferes Verständnis des christlichen Glaubens zu vermitteln.

Kapitel 1: Einleitung: Warum Nietzsche wichtig ist

FRIEDRICH NIETZSCHE, ein Name, der ein Gefühl intellektueller Ernsthaftigkeit mit sich bringt, ist für jeden, der sich in den komplexen Gewässern der Philosophie, Theologie oder Kulturkritik zurechtfindet, eine unvermeidliche Figur. Unabhängig davon, ob Sie seinen Ideen zustimmen oder nicht, ist Nietzsches Einfluss tief im Gefüge des modernen Denkens verwurzelt. Aber warum sollte er von Bedeutung sein, insbesondere für Christen, die oft ins Visier seiner scharfen Kritik geraten?

Der Einfluss des Nietzscheanischen Denkens

Der erste Grund, warum Nietzsche so wichtig ist, ist der unbestreitbare Einfluss, den seine Ideen auf die Moderne hatten. Es sind nicht nur Philosophen, die Nietzsche lesen; Seine Ideen haben die Künste, die Politik und sogar die Theologie infiltriert. Nietzsches Konzepte sind sowohl unter Gelehrten als auch unter Laien zum allgemeinen Sprachgebrauch geworden. Seine Kritik an der traditionellen Moral, seine Infragestellung der Existenz und Rolle Gottes und seine Diskussionen über Machtdynamiken hatten erhebliche Auswirkungen auf unser Verständnis des menschlichen Daseins.

Nicht nur die säkulare Welt wurde von Nietzsche beeinflusst. Überraschenderweise fanden viele Theologen seine Kritik hilfreich, um Aspekte der christlichen Lehre zu überdenken. Indem er wahrgenommene Schwächen identifizierte, ermutigte Nietzsche die Kirche unbeabsichtigt, ihre Theologien zu verfeinern und sich mit ihren eigenen Fehlern auseinanderzusetzen. Auch wenn seine Kritik nicht immer akzeptiert wird, regt sie dennoch zu einer tiefergehenden Auseinandersetzung mit dem Glauben an.

Eine Herausforderung für die Selbstzufriedenheit

Ein weiterer Grund, warum Nietzsche für Christen relevant ist, besteht darin, dass er die Selbstgefälligkeit in Frage stellt. Es ist allzu einfach, traditionelle Lehren ohne Prüfung zu akzeptieren, aber Nietzsches Kritik zwingt uns dazu, noch einmal zu prüfen, was wir glauben und warum wir es glauben. Halten wir an einer Version des Christentums fest, die eher kulturell als biblisch ist? Nutzen wir unsere Religion, um uns ein angenehmes Leben zu sichern, anstatt einen transformativen Glauben zu suchen? Nietzsches schwierige Fragen drängen uns, uns mit solchen Problemen auseinanderzusetzen.

Ein Standbein im akademischen und gesellschaftlichen Diskurs

Das nietzscheanische Denken stand im Vordergrund akademischer und gesellschaftlicher Diskurse, die häufig die öffentliche Meinung und Politik bestimmen. In einer zunehmend postchristlichen Gesellschaft kann das Verständnis Nietzsches Christen dabei helfen, sich sinnvoll an wichtigen Gesprächen zu beteiligen. Ob in Debatten über Moral, Recht oder die Rolle der Religion im öffentlichen Leben: Ein gründliches Verständnis von Nietzsches Philosophie ermöglicht es Christen, fundierte und intelligente Antworten zu geben. Dabei geht es nicht nur um die Verteidigung des Christentums; Es geht darum, zu einem umfassenderen Verständnis von Wahrheit, Moral und dem Sinn des Lebens beizutragen.

Fehlinterpretationen und Missbrauch

Nietzsche wurde sowohl vergöttert als auch verteufelt, und manchmal aus den gleichen Gründen. Seine Ideen wurden verwendet, um alles zu rechtfertigen, von totalitären Regimen bis hin zu individualistischem

NIETZSCHE ENTLARVEN: EINE CHRISTLICHE ANTWORT

Narzissmus. Das Verständnis Nietzsches ermöglicht es Christen, sich kritisch mit solchen Interpretationen auseinanderzusetzen, Missbrauch seines Denkens in Frage zu stellen und Missverständnisse zu korrigieren, die im öffentlichen Diskurs zunehmen.

Nietzsche nicht zu verstehen bedeutet, Interpretationen Platz zu machen, die komplexe Sachverhalte verzerren oder zu stark vereinfachen können, darunter auch solche, die direkt mit Glauben und Ethik zusammenhängen.

Vorbereitung auf die bevorstehende Reise

Das Ziel dieses Buches besteht weder darin, Nietzsche als einen Ketzer darzustellen, den man abtun muss, noch als einen Propheten, dem man blind folgen muss. Vielmehr geht es darum, seine Philosophie ernst zu nehmen und sich kritisch und konstruktiv mit ihr auseinanderzusetzen. Jedes weitere Kapitel wird sich mit spezifischen Aspekten von Nietzsches Denken befassen, seine Kritik an der christlichen Lehre untersuchen und begründete Antworten aus christlicher Perspektive vorschlagen. Dies ist nicht nur eine intellektuelle Übung; Es ist eine Reise zur Vertiefung unseres Verständnisses sowohl von Nietzsche als auch von der christlichen Theologie.

Mit diesem Unterfangen hoffen wir, über bloße Apologetik oder Gegenkritik hinauszugehen. Das Ziel besteht darin, unsere eigenen Perspektiven durch den Schmelztiegel des intellektuellen Engagements zu verfeinern, die Qualität der christlichen Lehre zu testen und dabei hoffentlich der Wahrheit näher zu kommen, nach der wir alle suchen. Das ist schließlich der Grund, warum Friedrich Nietzsche wirklich wichtig ist.

Kapitel 2: „Gott ist tot": Auspacken der Proklamation

DER SATZ „GOTT IST tot" hat in akademischen Hallen, in der Populärkultur und in religiösen Debatten Widerhall gefunden, seit Friedrich Nietzsche ihn in seinem bahnbrechenden Werk „Also sprach Zarathustra" einführte. Für viele verkörpert diese Aussage Nietzsches irreligiöse Philosophie und seine Kritik an traditionellen religiösen Überzeugungen. Dieses Kapitel zielt jedoch darauf ab, die Nuancen und Komplexität dessen zu erforschen, was Nietzsche eigentlich meinte und warum es für ein christliches Publikum von Bedeutung sein sollte.

Der Kontext des Anspruchs

Zunächst ist es wichtig, den Kontext zu verstehen, in dem Nietzsche diese Behauptung aufgestellt hat. Er feierte nicht den Tod Gottes; Vielmehr warnte er vor den Auswirkungen, die dies auf die Gesellschaft haben würde. In Abwesenheit des Göttlichen befürchtete Nietzsche, dass das moralische und spirituelle Gerüst, das die westliche Zivilisation getragen hatte, zusammenbrechen würde, was zu einer Wertekrise und einem Abstieg in den Nihilismus führen würde.

Eine Kritik der institutionellen Religion

Nietzsches Proklamation kann als Kritik an der institutionalisierten Religion gelesen werden, insbesondere am Christentum, das seiner Meinung nach so dogmatisch und lebensverleugnend geworden war, dass es seine Lebenskraft verloren hatte. Für Nietzsche starb Gott durch die Hand seiner eigenen Fürsorger – der Priester und Theologen, die ihn zu einem moralischen Gesetzgeber und Richter reduzierten, losgelöst von den Realitäten und Komplexitäten des menschlichen Lebens. Aus dieser Perspektive ist Nietzsche weniger ein Feind Gottes als vielmehr einer bestimmten Art religiöser Praxis.

NIETZSCHE ENTLARVEN: EINE CHRISTLICHE ANTWORT

Folgen des „Todes Gottes"

Der Tod Gottes, so argumentierte Nietzsche, würde unweigerlich zur Erosion einer absoluten moralischen und metaphysischen Grundlage führen. Dies war einer der am meisten diskutierten Aspekte seiner Philosophie und führte zu existentialistischen, nihilistischen und postmodernen Interpretationen. Für Christen sollte diese Sorge nicht leichtfertig abgetan werden. Selbst wenn man Nietzsches Behauptung, Gott sei tot, zurückweist, können die gesellschaftlichen Auswirkungen der sich verändernden Rolle der Religion nicht ignoriert werden.

Eine christliche Antwort

Aus christlicher Sicht lädt die Proklamation „Gott ist tot" zu einer entschiedenen theologischen Antwort ein. Im Gegensatz zu Nietzsches Diagnose argumentiert das Christentum, dass Gott sehr lebendig ist, sowohl metaphysisch als auch in der gelebten Erfahrung der Gläubigen. Der Glaube behauptet, dass er nicht nur eine Reihe moralischer Richtlinien bietet, sondern eine transformierende Beziehung zu einem lebendigen Gott und die Werte Liebe, Hoffnung und Gnade bekräftigt.

Darüber hinaus gibt es im Christentum eigene Erzählungen über Gottes „Tod" und seine Auferstehung in der Geschichte von Jesus Christus. In dieser Erzählung konfrontiert und besiegt Gott den Tod und bietet eine Lösung für die existenziellen Dilemmata, die Nietzsche beschäftigten. Die christliche Geschichte bietet eine alternative Darstellung davon, wie Gott mit der Welt interagiert, nicht als abwesender Vermieter oder toter Moralist, sondern als liebender, leidender und auferstehender Gott.

Jenseits wörtlicher Interpretationen

Bei der Erforschung dieser berühmten Proklamation ist es von entscheidender Bedeutung, Nietzsches komplexe philosophische Erzählung nicht auf einen bloßen Sloganismus zu reduzieren. Denn selbst wenn man Nietzsches Behauptung vehement widerspricht, kann das Verständnis ihrer Tiefe die christliche Apologetik stärken und einen tragfähigeren Dialog mit säkularen Philosophien fördern.

Abschluss

Der Ausdruck „Gott ist tot" wurde auf vielfältige Weise interpretiert, für verschiedene ideologische Zwecke verwendet und missbraucht und ist nach wie vor Gegenstand fortlaufender Debatten und Interpretationen. Wenn wir uns als Christen die Zeit nehmen, diese Proklamation in ihrem gesamten Kontext und ihrer Komplexität zu verstehen, kann dies unser eigenes Verständnis von Gott und den Herausforderungen, die die Moderne für den Glauben mit sich bringt, bereichern. Unabhängig davon, ob wir Nietzsche zustimmen oder nicht, bietet die Auseinandersetzung mit seinen Ideen eine Gelegenheit, unsere eigenen Überzeugungen zu stärken, zu klären und zu vertiefen.

Kapitel 3: Der Übermensch: Ein fehlgeleitetes Ideal

DAS KONZEPT DES ÜBERMENSCHEN, oft als „Übermensch" oder „Übermensch" übersetzt, ist ein weiterer Eckpfeiler der Philosophie Friedrich Nietzsches, der vielfach diskutiert, debattiert und manchmal auch verzerrt wurde. Nietzsche führte den Übermenschen als Lösung für das moralische und existenzielle Vakuum ein, das durch den „Tod Gottes" entstand. Er stellte sich diese Figur als einen Menschen vor, der über die konventionelle Moral hinausgegangen ist, um seine eigenen Werte zu schaffen. In diesem Kapitel werden wir uns damit befassen, was Nietzsche mit dem Übermenschen meinte, warum es ein überzeugendes, aber fehlerhaftes Ideal ist und wie das Christentum eine andere, und wir argumentieren, befriedigendere Vision des menschlichen Gedeihens bietet.

Der Übermensch: Ein Überblick

NIETZSCHE ENTLARVEN: EINE CHRISTLICHE ANTWORT

Nietzsches Übermensch ist ein Individuum, das im krassen Gegensatz zum „letzten Mann" steht, einer Figur, die Mittelmäßigkeit und Selbstzufriedenheit repräsentiert. Der Übermensch ist jemand, der bereit ist, im Interesse der Weiterentwicklung und Selbstbeherrschung alles zu riskieren. Er ist nicht an die traditionelle Moral gebunden, sondern ist ein Gesetz für sich selbst, geleitet von seinem „Willen zur Macht".

Der Reiz des Übermenschen

Die Idee des Übermenschen hat eine gewisse Anziehungskraft, insbesondere in einer Kultur, die Individualismus und persönliche Freiheit sehr schätzt. Es ist eine Figur, die sich über die Zwänge gewöhnlicher Menschen zu erheben scheint und Eigenschaften wie Stärke, Mut und Unabhängigkeit verkörpert. Diese Eigenschaften spiegeln das tief verwurzelte amerikanische Ethos wider, das diejenigen feiert, die „sich selbst aus den Socken hauen".

Die ethischen Probleme

Obwohl das Ideal des Übermenschen auf den ersten Blick überzeugend ist, wirft es mehrere ethische Fragen auf. Erstens wirft es die Frage nach der Moral des „Willens zur Macht" auf. Wenn jeder sein eigener moralischer Schiedsrichter ist, was kann dann verhindern, dass die Mächtigen die Schwachen ausbeuten? Nietzsches Idee überschreitet auf gefährliche Weise die Grenze der Legitimierung von Tyrannei oder Unterdrückung, bei der Macht für Recht gilt.

Theologische Implikationen

Aus christlicher Sicht ist das Konzept des Übermenschen zutiefst problematisch. Erstens ignoriert es den inhärenten Wert jedes Einzelnen, der nach dem Bild Gottes geschaffen wurde, und fördert stattdessen eine Wertehierarchie, die auf persönlicher Stärke oder Fähigkeiten basiert. Zweitens steht es im Widerspruch zu den christlichen Tugenden Demut,

Mitgefühl und Gemeinschaftsleben. Während Nietzsches Übermensch danach strebt, zu dominieren, strebt das christliche Ideal, verkörpert in der Gestalt Jesu Christi, danach, zu dienen.

Die christliche Alternative

Das Christentum bietet ein alternatives Ideal, das unserer Meinung nach erfüllender und ethisch fundierter ist. In der christlichen Theologie besteht die höchste Form des menschlichen Lebens nicht darin, andere zu überwältigen, sondern in liebevollen Beziehungen, die die trinitarische Natur Gottes widerspiegeln. Darüber hinaus ruft das Christentum nicht dazu auf, sich von der Welt zurückzuziehen, sondern ermutigt zum aktiven Umgang mit ihr, gestärkt durch die Gnade, Gerechtigkeit zu suchen, Barmherzigkeit zu lieben und demütig mit Gott zu wandeln.

Das Problem der Isolation

Der Übermensch ist trotz seiner Stärke und Unabhängigkeit letztlich eine einsame Figur. Diese existenzielle Einsamkeit steht in krassem Gegensatz zum christlichen Verständnis des Menschen als von Natur aus beziehungsorientierter Mensch, der darauf ausgelegt ist, in Gemeinschaft mit Gott und anderen zu leben.

Abschluss

Während Nietzsches Konzept des Übermenschen die Vorstellungskraft anregt, greift es bei ethischer und theologischer Prüfung zu kurz. So überzeugend es auch sein mag, sich ein Leben frei von traditionellen moralischen oder sozialen Zwängen vorzustellen, das Ideal des Übermenschen bietet eine begrenzte und potenziell gefährliche Vision der menschlichen Existenz. Im Gegensatz dazu bietet das Christentum eine Vision des Lebens, die sowohl ethisch verantwortungsvoll als auch zutiefst erfüllend ist, auf einer Beziehung zu einem liebenden Gott basiert und in liebevollen Beziehungen zu anderen zum Ausdruck kommt.

Kapitel 4: Ewige Wiederkehr: Ein Zirkelargument

DAS KONZEPT DER „EWIGEN Wiederkehr", ein weiterer Eckpfeiler von Nietzsches Philosophie, ist eine Vorstellung, die im Kern die endlose Wiederholung aller Ereignisse im Universum postuliert. Es handelt sich um eine provokante Idee, die unsere ethischen Rahmenbedingungen herausfordern soll, indem sie uns dazu zwingt, uns mit der Frage auseinanderzusetzen, ob wir unser Leben so bejahen können, wie es ist, in seiner Gesamtheit, in dem Wissen, dass es sich ewig wiederholen würde. Ziel dieses Kapitels ist es, Nietzsches Konzept der ewigen Wiederkehr zu analysieren, seine philosophischen Grundlagen und ethischen Implikationen hervorzuheben und eine christliche Kritik anzubieten.

Die philosophische Prämisse

Nietzsches ewige Wiederkehr ist nicht nur ein abstraktes, spekulatives Konzept; es dient einem lebenswichtigen existenziellen Zweck. Indem er sich vorstellt, dass sich jede Handlung, jeder Gedanke, jede Freude und jedes Leid ewig wiederholen wird, zwingt Nietzsche uns, über die Last unserer täglichen Entscheidungen nachzudenken. Es ist eine Art ethischer Lackmustest; Wenn Sie Ihr Leben betrachten und sagen können: „Ja, ich würde das noch einmal durchleben", dann haben Sie eine Form der Lebensbejahung erreicht.

Die Herausforderung an die Moral

Unter dem Schreckgespenst der ewigen Wiederkehr wird jede Entscheidung monumental. Es gibt keine unbedeutenden Handlungen; alles hat ewiges Gewicht. Dies verleiht dem menschlichen Leben zwar ein Gefühl der Ernsthaftigkeit, wirft aber auch ethische Herausforderungen auf. Wie gehen wir mit Bedauern, Schuld oder Verlust um? Nietzsche scheint zu behaupten, dass der ideale Mensch (wiederum der Übermensch) über diese negativen Gefühle hinausragen und sogar Schmerz und Leid als wesentliche Aspekte eines gut gelebten Lebens anerkennen würde.

Das Zirkelargument

Obwohl Nietzsches Konzept provokativ ist, steckt es voller logischer und metaphysischer Probleme. Zum einen setzt es ein geschlossenes, deterministisches System voraus, in dem Freiheit und Neuheit Illusionen sind. Dies stellt nicht nur religiöse Überzeugungen in Frage, sondern auch viele philosophische und ethische Systeme, die die menschliche Freiheit wertschätzen.

Eine christliche Antwort: Lineare Zeit und Erlösungsgeschichte

Aus christlicher Sicht ist der Zeitbegriff linear und nicht zyklisch. Die Geschichte steuert auf ein zielgerichtetes Ende zu – und gipfelt im Eschaton, dem letzten Ereignis im göttlichen Heilsplan. Diese Sichtweise legt Wert auf einzelne Handlungen und historische Ereignisse, nicht als Wiederholungen, sondern als einzigartige Ereignisse innerhalb einer umfassenderen Erzählung der Erlösungsgeschichte.

Darüber hinaus bietet das Christentum eine andere Perspektive auf die Idee der Lebensbejahung. Das Leben ist nicht nur eine Reihe von Ereignissen, die es zu ertragen oder zu überwinden gilt, sondern ein Geschenk Gottes, das in der Beziehung zu ihm und anderen gelebt werden muss. Während Nietzsches Idee uns herausfordert, das Leben trotz seiner Schmerzen und Sorgen zu bejahen, bietet das Christentum einen Rahmen, um inmitten von Leid einen Sinn und sogar Freude zu finden.

Ewige Wiederkehr und das Problem des Bösen

Eines der eklatantesten Probleme bei Nietzsches Idee ist der Umgang mit dem Bösen. Wenn sich jede Handlung ewig wiederholen muss, wo bleiben dann die menschlichen Vorstellungen von Gerechtigkeit, Reue oder moralischer Verbesserung? Es ist eine nihilistische Sichtweise, die letztlich Gut und Böse ununterscheidbar macht, da beide ewig wiederkehrende Aspekte der Realität sind.

Abschluss

Obwohl Nietzsches Idee der ewigen Wiederkehr eine faszinierende ethische Herausforderung darstellt, ist es ein Konzept voller philosophischer Inkonsistenzen und ethischer Dilemmata. Es bietet keine Hoffnung auf Erlösung, keinen Raum für moralische Entwicklung und ignoriert die Komplexität der menschlichen Freiheit und Würde. Andererseits bietet das Christentum eine fesselnde Erzählung der Erlösungsgeschichte, in der das Leben und die Entscheidungen des Einzelnen innerhalb eines linearen, zielgerichteten Zeitrahmens von Bedeutung sind. Es liefert den moralischen Rahmen und die existentielle Hoffnung, die dem Konzept der ewigen Wiederkehr fehlt, und macht die christliche Weltanschauung nicht nur zu einer Kritik, sondern auch zu einer Alternative zu Nietzsches Zirkelschluss.

Kapitel 5: Herr-Sklave-Moral: Die christliche Perspektive

FRIEDRICH NIETZSCHES Konzept der „Herr-Sklave-Moral" ist eine seiner provokativsten und am meisten diskutierten Ideen. Laut Nietzsche gibt es zwei grundlegende Arten von Moral: die „Herrenmoral", die Eigenschaften wie Stärke, Adel und Macht schätzt, und die „Sklavenmoral", die Eigenschaften wie Sanftmut, Mitgefühl und Demut schätzt. Nietzsche argumentiert, dass die Sklavenmoral als Reaktion auf die Dominanz der Herrenmoral entstanden sei und dass die traditionelle christliche Ethik eine Form der Sklavenmoral sei. Ziel dieses Kapitels ist es, Nietzsches These zu untersuchen, ihre Annahmen zu hinterfragen und eine christliche Perspektive auf die Moral zu präsentieren, die seine Kategorisierung in Frage stellt.

Verständnis der Herren-Sklaven-Moral

Nietzsches Meistermoral ist ein Kodex für die Starken, für diejenigen, die das Leben ergreifen und es nach ihrem Willen gestalten. Die Sklavenmoral hingegen sieht er als die Moral der Schwachen, die, da sie nicht in der Lage sind, ihren Willen auf die Welt auszuüben, sich nach innen wenden und einen Moralkodex entwickeln, der die inneren Qualitäten schätzt, die sie kontrollieren können.

Die Annahme der Opposition

Ein wesentliches Problem bei Nietzsches Charakterisierung ist die Annahme, dass Herren- und Sklavenmoral grundsätzlich gegensätzlich sind und dass das eine eine Reaktion auf das andere ist. Während es wahr ist, dass unterschiedliche soziale und historische Bedingungen zu unterschiedlichen moralischen Schwerpunkten führen können, übersieht der von Nietzsche vorgeschlagene binäre Gegensatz die Komplexität der moralischen Entwicklung und die Vielschichtigkeit ethischer Systeme.

Die Reduzierung der christlichen Ethik

Nietzsches Interpretation reduziert den Reichtum und die Komplexität der christlichen Ethik erheblich. Während das Christentum Tugenden wie Demut und Mitgefühl betont, tut es dies nicht als „Sklavenmoral", die lediglich dazu dient, die Herrenmoral zu untergraben oder zu untergraben. Im christlichen Denken sind diese Tugenden an sich gut, nicht nur als Reaktion auf andere Werte. Sie spiegeln die Natur Gottes wider und sollen das menschliche Verhalten zu einer liebevollen und gerechten Gesellschaft führen.

NIETZSCHE ENTLARVEN: EINE CHRISTLICHE ANTWORT

Die christliche Perspektive: Eine Moral der Beziehung

Die christliche Moral besteht nicht nur aus einer Reihe von Regeln oder Tugenden, sondern basiert im Wesentlichen auf einer Beziehung zu Gott, dem Schöpfer allen Lebens. Es ist keine Moral für Sklaven oder Herren, sondern für Geschöpfe, die nach dem Bild Gottes geschaffen wurden. Die christliche Moral fordert sowohl die Mächtigen als auch die Machtlosen dazu auf, ein Leben in Gerechtigkeit, Barmherzigkeit und Demut zu führen. Es ruft jeden, unabhängig von seiner sozialen Stellung, zu einem höheren ethischen Standard auf, der auf dem Leben und den Lehren Jesu Christi basiert, der sowohl Stärke als auch Demut in perfekter Balance bewiesen hat.

Liebe als höchstes ethisches Prinzip

Im Gegensatz zu Nietzsches Dichotomie der Herren- und Sklavenmoral stellt die christliche Ethik die Liebe als oberstes Prinzip dar – eine Liebe, die robust und fordernd ist und sowohl Stärke als auch Demut, sowohl Gerechtigkeit als auch Barmherzigkeit erfordert. Es ist eine Liebe, die die Natur Gottes widerspiegelt, alle Tugenden umfasst und für alle Menschen gilt, nicht nur für die Starken oder die Schwachen.

Die Rolle von Macht und Verletzlichkeit

Das Christentum bietet eine einzigartige Perspektive auf Macht und Verletzlichkeit, eingebettet in die Inkarnation und Kreuzigung Jesu Christi. Gott entschied sich, verletzlich zu werden, zu leiden und zu sterben, um die erlösende Kraft der Liebe zu demonstrieren. In diesem Licht zeigt sich wahre Macht durch Dienst, Opferbereitschaft und das Streben nach Gerechtigkeit und Rechtschaffenheit für alle.

Abschluss

Nietzsches Rahmenwerk der Herr-Sklave-Moral ist zwar aufschlussreich, bietet aber nur eine begrenzte Perspektive für die Betrachtung der Ethik und reicht insbesondere nicht aus, um die Tiefe der christlichen Morallehre zu erfassen. Die christliche Perspektive bietet eine differenziertere, ganzheitlichere Sicht auf die Moral, die Nietzsches Binärsysteme in Frage stellt und ein ethisches System bietet, das auf transformativer Liebe und Beziehung basiert. Weit davon entfernt, eine Sklavenmoral zu sein, die die Werte der Mächtigen umkehrt und auf sie reagiert, bietet die christliche Ethik einen Leitfaden für das Gedeihen des Menschen, der über soziale und wirtschaftliche Bedingungen hinausgeht.

Kapitel 6: Nietzsche und Nihilismus: Ein inhärenter Widerspruch

NIETZSCHES VERBINDUNG zum Nihilismus ist sowohl komplex als auch umstritten. Obwohl er oft als Vorläufer des existentialistischen Denkens angesehen wird, das sich ernsthaft mit nihilistischen Themen auseinandersetzt, widersetzte sich Nietzsche selbst vehement dem, was er als nihilistische Entwicklung der westlichen Kultur ansah. In diesem Kapitel wird Nietzsches differenzierte Beziehung zum Nihilismus analysiert, die inhärenten Widersprüche innerhalb seiner Philosophie dargelegt und eine christliche Alternative vorgestellt, die sich mit den existenziellen Bedenken befasst, die Nietzsche angesprochen, aber nicht vollständig lösen konnte.

Nietzsches Diagnose des Nihilismus

Nietzsche betrachtete den Nihilismus als eine zersetzende Kraft, die die westliche Zivilisation untergräbt und aus dem Verfall religiöser und metaphysischer Überzeugungen resultiert. Er verband Nihilismus mit einem Mangel an Sinn, Zweck und Wert und betrachtete ihn als die unvermeidliche Folge des „Todes Gottes". Allerdings liefert Nietzsches Diagnose des Problems nicht unbedingt ein kohärentes Gegenmittel.

NIETZSCHE ENTLARVEN: EINE CHRISTLICHE ANTWORT

Der Wille zur Macht und der Nihilismus

Nietzsche bot den „Willen zur Macht" als Gegenkraft zum Nihilismus an, eine Bejahung des Lebens, die im krassen Gegensatz zur Negierung von Wert und Bedeutung steht. Dennoch gibt es hier eine grundlegende Spannung. Wenn alle Dinge lediglich Ausdruck des Willens zur Macht sind, welchen inneren Wert oder welche Bedeutung könnte dann etwas haben? Der Wille zur Macht selbst kann in eine Form des Nihilismus dekonstruiert werden, da ihm ein transzendenter Bezugspunkt zur Sicherung von Bedeutung oder Wert fehlt.

Jenseits von Gut und Böse: Ein zweischneidiges Schwert

In seinem Bestreben, „jenseits von Gut und Böse" voranzukommen, versucht Nietzsche, die Menschheit von traditionellen moralischen Rahmenwerken zu befreien, die er als einschränkend und lebensverleugnend ansieht. Damit öffnet er jedoch die Tür zum moralischen Relativismus, bei dem Gut und Böse zu bloßen sozialen Konstrukten werden und damit genau den Nihilismus nähren, den er bekämpfen wollte.

Nietzsches unvollständige Lösung

Während Nietzsche einige der mit dem Nihilismus verbundenen existenziellen Ängste richtig identifiziert, sind seine Lösungen unvollständig. Sie bieten keine stabile Grundlage für Bedeutung oder Moral und können paradoxerweise zum Nihilismus zurückführen. Darüber hinaus stützen sich seine Kritiken oft auf Strohmännerversionen religiöser und philosophischer Positionen, insbesondere des Christentums, die er auf bloße „Sklavenmoral" reduziert, ohne sich mit ihren tieferen theologischen und existenziellen Aspekten auseinanderzusetzen.

Eine christliche Alternative: Sinn durch Beziehung

Im Gegensatz zu Nietzsches Darstellung bietet das Christentum eine robuste Antwort auf den Nihilismus. Im Zentrum des christlichen Glaubens steht die Beziehung zu einem transzendenten und doch immanenten Gott, der eine objektive Grundlage für Bedeutung, Moral und Wert bietet. Diese Beziehung stellt die existenziellen Dimensionen wieder her, die der Nihilismus zersetzt, und bietet Hoffnung, Zweck und einen kohärenten moralischen Rahmen.

Das Problem des Leidens erneut aufgegriffen

Nietzsche kritisierte das Christentum für seine „lebensverleugnenden" Aspekte, etwa seinen Fokus auf Leiden, Opfer und das Leben nach dem Tod. In der christlichen Weltanschauung ist Leiden jedoch nicht bedeutungslos, sondern kann transformativ sein. Es ist Teil einer größeren Erzählung, die Erlösung, Hoffnung und ewiges Leben umfasst und einen weitaus reichhaltigeren Bedeutungsteppich bietet, als Nietzsches Philosophie bieten kann.

Abschluss

Obwohl Nietzsche eine ergreifende Kritik des existenziellen Vakuums bietet, das in einem säkularen Zeitalter entstehen kann, enthält seine Philosophie inhärente Widersprüche, die sie zu einem instabilen Heilmittel gegen den Nihilismus machen. Im Gegensatz dazu bietet das Christentum eine umfassende Antwort auf die Probleme der Sinnlosigkeit, die in einer transzendenten moralischen Ordnung und einer persönlichen Beziehung zum Schöpfer verwurzelt ist. Weit davon entfernt, eine Form der „Sklavenmoral" oder eines lebensverleugnenden Systems zu sein, bietet es eine lebensbejahende, hoffnungsvolle und existenziell erfüllende Alternative.

Kapitel 7: Der Wille zur Macht: Ist Macht immer richtig?

DAS KONZEPT DES „WILLENS zur Macht" ist vielleicht eine der umstrittensten Ideen Friedrich Nietzsches, und seine Interpretation unter Gelehrten und Kritikern ist geradezu umstritten. Nach Nietzsche ist der Wille zur Macht die grundlegende Antriebskraft des Menschen und des gesamten Lebens. Obwohl diese Idee verschiedene Forschungsbereiche inspiriert hat, von der Psychologie bis zur Politik, wirft sie auch ethische Rätsel auf, die es zu hinterfragen lohnt. Dieses Kapitel befasst sich mit den Feinheiten von Nietzsches Willen zur Macht, seinen ethischen Implikationen und wie er einem christlichen ethischen Rahmen standhält.

Die Grundprinzipien des Willens zur Macht

Nietzsche geht davon aus, dass alle Handlungen, Gedanken und sogar Moralkodizes Ausdruck eines zugrunde liegenden Willens zur Macht sind. Dieser Urinstinkt, so argumentiert er, verdrängt andere Interpretationen menschlicher Motivation, etwa das Streben nach Glück oder die Vermeidung von Leiden. Nietzsche glaubt, dass der Wille zur Macht eine Kraft zur Lebensbejahung sein kann, ein Weg, die Mittelmäßigkeit und den Nihilismus zu überwinden, die die moderne Gesellschaft plagen.

Ethische Implikationen: Der Überlegene und der Unterlegene

Eine der ethischen Fragen, die sich aus dem Willen zur Macht ergeben, ist die Kategorisierung von Individuen in Überlegene und Unterlegene, Starke und Schwache. Für Nietzsche erkennt das starke Individuum, der Übermensch, nicht nur seinen Willen zur Macht an, sondern schwelgt in ihm, unabhängig von der traditionellen Moral. Dann stellt sich die Frage: Ist Macht immer richtig? Ist der bloße Besitz von Macht oder Stärke seine eigene moralische Rechtfertigung?

Nietzsches Kritik der traditionellen Moral

Nietzsche kritisiert die traditionelle, insbesondere christliche Moral, weil sie den Willen zur Macht unterdrücke und ihn als sündig oder böse abstempele. Er hält dies für lebensverleugnend, da es den Einzelnen daran hindert, sein volles Potenzial auszuschöpfen. Dieses Argument beruht jedoch auf einer selektiven Interpretation sowohl von Macht als auch von Moral.

Die christliche Perspektive: Macht und Verantwortung

Aus christlicher Sicht ist Macht nicht grundsätzlich böse oder sündig, aber ihre ethischen Implikationen hängen eng mit der Art und Weise ihres Einsatzes zusammen. Mit Macht geht Verantwortung einher – die Verantwortung, gerecht zu handeln, sich um die Schwachen zu kümmern und moralische Integrität zu wahren. Jesus Christus, der aus christlicher Sicht der Inbegriff von Macht ist, entschied sich dafür, seine Macht für Opfer, Heilung und Erlösung zu nutzen, nicht für Herrschaft.

Macht im Dienst der Liebe

Die christliche Ethik modifiziert Nietzsches Konzept des Willens zur Macht, indem sie die Dimension der Liebe und der Relationalität hinzufügt. In der christlichen Weltanschauung ist Macht dann am besten, wenn sie anderen dient und von Liebe, Mitgefühl und Gerechtigkeit geleitet wird. Dies steht in scharfem Kontrast zu Nietzsches eher individualistischer, fast solipsistischer Interpretation von Macht, bei der der Schwerpunkt vor allem auf Selbstverwirklichung und Selbstbestätigung liegt.

Gerechtigkeit und Gemeinwohl

Auch in der christlichen Ethik ist Macht untrennbar mit dem Gedanken der Gerechtigkeit und des Gemeinwohls verbunden. Der Besitz von Macht erfordert eine ethische Orientierung, die über bloßes

Eigeninteresse hinausgeht und das Wohlergehen der Gemeinschaft und die Würde aller Individuen, einschließlich der Schwachen und Ausgegrenzten, berücksichtigt.

Abschluss

Nietzsches Wille zur Macht ist als psychologisches Konzept zwar überzeugend, wirft jedoch bedeutende ethische Fragen auf, die seine Philosophie nur schwer angemessen angehen kann. Die Idee, dass Macht Recht schafft oder dass Macht sich selbst rechtfertigt, ist zutiefst problematisch und potenziell gefährlich. Im Gegensatz dazu bietet die christliche Perspektive einen differenzierten Ansatz zur Macht und betont nicht nur ihr Potenzial zur individuellen Verwirklichung, sondern auch ihre Fähigkeit zu Liebe, Gerechtigkeit und gemeinschaftlichem Wohlergehen.

Kapitel 8: Leiden und das Problem des Bösen

DIE FRAGE DES LEIDENS und das Problem des Bösen stehen seit Jahrhunderten im Vordergrund theologischer und philosophischer Diskussionen. Nietzsche war in diesen Debatten kein Unbekannter und kritisierte oft religiöse Perspektiven – insbesondere christliche Ansichten – als unzureichend oder sogar wahnhaft in der Behandlung von Leiden. Im Gegensatz dazu zielt dieses Kapitel darauf ab, die Grenzen von Nietzsches Sicht auf das Leiden zu erkunden und die differenzierte und zutiefst humane christliche Herangehensweise an das Problem des Bösen hervorzuheben.

Nietzsches Sicht auf das Leiden

Nietzsche äußerte sich äußerst kritisch gegenüber der Art und Weise, wie traditionelle Religionen, insbesondere das Christentum, mit dem Thema Leiden umgingen. Er betrachtete die christliche Betonung von Mitgefühl, Sanftmut und dem erlösenden Wert des Leidens als Zeichen der „Sklavenmoral", eines lebensverleugnenden Ethos, das aus Groll und Schwäche entstand. Stattdessen schlug Nietzsche vor, dass Leiden eine Form der Selbstüberwindung sein könnte, ein Katalysator für Wachstum und die Ausübung des Willens zur Macht.

Die Unzulänglichkeit des Leidens als Selbstüberwindung

Obwohl Nietzsches Idee, Leiden als Mittel zur Selbstüberwindung zu nutzen, einige Vorzüge hat, geht sie nicht angemessen auf die Komplexität des Leidens im menschlichen Leben ein. Nicht jedes Leid führt zu Wachstum oder ist überhaupt erträglich. Darüber hinaus bietet Nietzsches Rahmen wenig Trost oder greifbare Lösungen für diejenigen, die unter systemischer Ungerechtigkeit, akuter Tragödie oder unüberwindbarem Verlust leiden.

Der christliche Ansatz: Leiden und Erlösung

Im krassen Gegensatz dazu bietet die christliche Weltanschauung eine zutiefst differenzierte Perspektive auf das Leiden. Nach christlicher Lehre ist Leiden nicht sinnlos, sondern eng mit der Erfahrung einer zerbrochenen Welt und der Möglichkeit der Erlösung durch Jesus Christus verbunden. Die Kreuzigung selbst ist ein Archetyp des Leidens, das in einen Akt der Liebe, des Opfers und des endgültigen Sieges über Tod und Böse verwandelt wird.

Das Böse als Herausforderung für beide Weltanschauungen

Sowohl Nietzsches als auch christliche Weltanschauungen müssen sich mit dem Problem des Bösen auseinandersetzen: Wenn es einen Willen zur Macht gibt, der das Leben antreibt, wie kann man dann böse Taten erklären, die Leben zerstören? Wenn es umgekehrt einen allmächtigen und gütigen Gott gibt, wie kann dann das Böse existieren? Während Nietzsche dies umgeht, indem er im Wesentlichen das Konzept des Bösen zugunsten der Machtdynamik negiert, bietet das Christentum eine zufriedenstellendere Antwort. Das Böse ist das Ergebnis des

Missbrauchs der menschlichen Freiheit, und Gottes Antwort ist eine Antwort der Gerechtigkeit verbunden mit erlösender Liebe.

Die Rolle der Gemeinschaft im Leiden

Eine weitere Einschränkung von Nietzsches Sichtweise ist ihr individualistischer Fokus, der die Rolle der Gemeinschaft bei der Linderung oder Verschärfung von Leiden außer Acht lässt. Im Gegensatz dazu ist der christliche Ansatz von Natur aus gemeinschaftlich. Es fördert gemeinsame Lasten, gegenseitige Unterstützung und kollektives Handeln gegen systemisches Leiden. Die historische Rolle der Kirche in den Bereichen Gesundheitsversorgung, Bildung und soziale Gerechtigkeit unterstreicht diese Gemeinschaftsethik.

Theologisches Leiden: Das Problem des Bösen erneut aufgegriffen

Die christliche Theologie befasst sich auch mit den existenziellen Dimensionen des Leidens und erforscht die tiefen Fragen, die es über die Natur Gottes und das menschliche Schicksal aufwirft. Werke wie „Confessions" von St. Augustine und „The Problem of Pain" von CS Lewis bieten tiefe Einblicke in die Vereinbarkeit der Güte Gottes mit der Existenz von Bösem und Leiden.

Abschluss

Nietzsches Herangehensweise an das Leiden ist zwar provokativ und teilweise nützlich, bietet aber letztendlich keinen umfassenden, humanen und umsetzbaren Rahmen für den Umgang mit dem Problem des Bösen. Die christliche Perspektive bietet mit ihrer Erlösungstheologie und der Betonung der gemeinschaftlichen Unterstützung einen zufriedenstellenderen und ganzheitlicheren Ansatz und ist damit eine überzeugende Alternative zum Verständnis und zur Linderung des komplexen Problems des menschlichen Leidens.

Kapitel 9: Die Kritik von Rationalität und Wahrheit

FRIEDRICH NIETZSCHES Skepsis gegenüber den traditionellen Vorstellungen von Rationalität und Wahrheit hat das zeitgenössische Denken nachhaltig beeinflusst. Indem er den rationalistischen Optimismus der Aufklärung untergrub, öffnete Nietzsche die Tür zu einer Vielzahl von Fragen über die Natur und die Grenzen der menschlichen Erkenntnis, des Wissens und der Wahrheit. In diesem Kapitel wird jedoch argumentiert, dass Nietzsches Kritik zwar revolutionär ist, aber erhebliche Lücken und Inkonsistenzen aufweist. Es kontrastiert dies außerdem mit der christlichen Weltanschauung, die ein ausgewogeneres und ganzheitlicheres Verständnis von Rationalität und Wahrheit bietet.

Nietzsches Misstrauen gegenüber der Vernunft

Nietzsches Verachtung für das, was er als Naivität der rationalistischen Philosophie ansah, ist gut dokumentiert. Er betrachtete die Vernunft lediglich als eine weitere „Interpretation", die anderen Verständnisweisen wie Intuition oder Wille nicht unbedingt überlegen sei. Seiner Meinung nach wurde die Vernunft oft als Werkzeug der Schwachen eingesetzt, um die Starken zu manipulieren, was gut zu seiner Kritik der „Sklavenmoral" passte.

Wahrheit als „mobile Armee von Metaphern"

Nietzsche beschrieb die Wahrheit bekanntlich als eine „mobile Armee von Metaphern, Metonymen und Anthropomorphismen". Ihm zufolge ist das, was wir oft als „Wahrheit" betrachten, nichts anderes als eine sprachliche Bequemlichkeit, eine Reihe von Metaphern, die ihren Bezug zur sinnlichen Realität verloren haben. Er hinterfragt die universelle Anwendbarkeit dessen, was wir „Wahrheit" nennen, und macht es von kulturellen, zeitlichen und individuellen Kontexten abhängig.

NIETZSCHE ENTLARVEN: EINE CHRISTLICHE ANTWORT

Die Grenzen von Nietzsches Skeptizismus

Während Nietzsches Kritik eine erhebliche Herausforderung für die klassischen Vorstellungen von objektiver Wahrheit darstellt, gefangen sie ihn auch in einem Paradoxon. Wenn alle Wahrheit metaphorisch und kontextbezogen ist, kann diese Kritik selbst keinen Anspruch auf universelle Anwendbarkeit erheben. Sein Skeptizismus, wenn er zu seiner logischen Konsequenz geführt wird, untergräbt seine eigenen Prämissen und Behauptungen.

Christliche Erkenntnistheorie: Glaube und Vernunft

Im Gegensatz dazu vertritt die christliche Weltanschauung seit langem eine Synthese von Glaube und Vernunft. Denker wie Thomas von Aquin argumentierten, dass Glaube und Vernunft sich nicht gegenseitig ausschließen, sondern zwei Wege seien, die zur gleichen ultimativen Wahrheit führen. Dieser Wahrheitsbegriff ist nicht nur ein sprachliches Konstrukt, sondern basiert auf der Existenz eines rationalen und persönlichen Gottes.

Wahrheit und moralische Realität

Das Christentum geht davon aus, dass Wahrheit nicht nur ein theoretisches Konstrukt ist, sondern ethische Implikationen hat. Das jüdisch-christliche Moralgesetz, zusammengefasst in Prinzipien wie den Zehn Geboten, postuliert eine objektive moralische Ordnung. Dies steht in völligem Widerspruch zu Nietzsches relativistischer Moral, die sich je nach den Launen des Willens zur Macht ändert.

Wahrheit als Inkarnation

Im christlichen Denken erreicht der Wahrheitsbegriff in der Menschwerdungslehre seinen Höhepunkt. Jesus Christus wird als „der Weg, die Wahrheit und das Leben" beschrieben. Hier ist Wahrheit kein abstrakter Begriff, sondern eine gelebte Realität, verkörpert in einer

Person. Diese inkarnierte Wahrheit bietet ein ganzheitlicheres Verständnis der Realität, das nicht nur Rationalität, sondern auch Relationalität, Moral und Spiritualität umfasst.

Rationalität im Dienst der Beziehung

Im christlichen Rahmen ist Rationalität kein Selbstzweck, sondern dient dem höheren Zweck der Relationalität – sowohl von Mensch zu Mensch als auch von Mensch zu Gott. Dieser relationale Ansatz zur Wahrheit geht auf die Grenzen der Vernunft ein, ohne sie zu verunglimpfen, und bietet eine ausgewogene Perspektive, die sowohl den Intellekt als auch das Herz würdigt.

Abschluss

Obwohl Nietzsches Kritik an Rationalität und Wahrheit äußerst einflussreich war, leidet sie unter selbstreferenzieller Inkohärenz und bietet keinen zufriedenstellenden Rahmen für das Verständnis der Komplexität menschlicher Erfahrung. Andererseits bietet die christliche Weltanschauung ein robusteres, ausgewogeneres und ganzheitlicheres Verständnis von Wahrheit und Rationalität, das sowohl in göttlicher Offenbarung als auch in menschlicher Erfahrung verwurzelt ist.

Kapitel 10: Das asketische Ideal: Selbstverleugnung oder Selbstverwirklichung?

EINER DER FASZINIERENDSTEN und umstrittensten Aspekte der Philosophie Friedrich Nietzsches ist seine Kritik am asketischen Ideal, einem Konzept, das eng mit religiösen Traditionen, insbesondere dem Christentum, verbunden ist. Nietzsche argumentiert, dass das asketische Ideal die Lebensverleugnung fördert, den Willen zur Macht unterdrückt und das Produkt einer ungesunden Beziehung zu sich selbst und der Welt ist. Ziel dieses Kapitels ist es, Nietzsches Argumente gegen das asketische Ideal zu analysieren und sie dem christlichen Verständnis gegenüberzustellen. Dabei wird argumentiert, dass letzteres eine differenziertere, lebensbejahendere und spirituell erfüllendere Perspektive bietet.

Nietzsches Angriff auf die Askese

Für Nietzsche ist Askese eine Manifestation der von ihm so vehement kritisierten „Sklavenmoral". Er sieht darin einen Ausdruck der Unfähigkeit des Einzelnen, das Leben zu bejahen und den Willen zur Macht, was dazu führt, dass sich die Menschen gegen sich selbst und die Welt um sie herum wenden. Laut Nietzsche dient das asketische Ideal dazu, Schwäche und Mittelmäßigkeit aufrechtzuerhalten, da es die ursprünglichen Instinkte und Wünsche des Einzelnen negiert.

Das asketische Ideal als „Wille zum Nichts"

Nietzsche geht in seiner Kritik noch weiter und schlägt vor, dass das asketische Ideal einen „Willen zum Nichts" darstellt, einen nihilistischen Impuls, der Leben und Kreativität untergräbt. Durch die Konzentration auf jenseitige Ziele verzichtet der asketische Mensch auf die Freuden und Möglichkeiten des gegenwärtigen Lebens, was Nietzsche zutiefst problematisch findet.

Das christliche asketische Ideal: Eine andere Perspektive

Im Gegensatz zu Nietzsches Ansicht entsteht die christliche Askese nicht aus einem lebensverleugnenden Impuls oder einem Willen zum Nichts. In der christlichen Tradition zielen asketische Praktiken darauf ab, die Beziehung zu Gott zu vertiefen und sich aus der Sklaverei ungeordneter Leidenschaften und Wünsche zu befreien. Weit davon entfernt, dem Leben zu entfliehen, zielt die christliche Askese darauf ab, unsere irdische Erfahrung zu bereichern und zu reinigen, indem sie sie mit dem göttlichen Willen in Einklang bringt.

Selbstverleugnung als Weg zur Selbstverwirklichung

Der christliche Gedanke der Selbstverleugnung, der in Praktiken wie Fasten, Zölibat oder Einfachheit zum Ausdruck kommt, ist kein Zweck, sondern ein Mittel zu einer bedeutsameren Form der Selbstverwirklichung. Durch die Überwindung egoistischer Impulse wird der Einzelne offener für Gottes Gnade und die echten Bedürfnisse anderer. Eine solche Selbstverleugnung kann zu einer umfassenderen Verwirklichung der eigenen Menschlichkeit führen und nicht zu ihrer Verringerung, wie Nietzsche argumentiert.

Askese und Wille zur Macht

Bei näherer Betrachtung kann die christliche Askese als mit einer modifizierten, ethischen Form des Willens zur Macht vereinbar angesehen werden. Indem der Einzelne seine niederen Instinkte und Wünsche beherrscht, übt er eine Form innerer Macht aus, nicht über andere, sondern über sich selbst. Dabei handelt es sich um eine Macht, die auf ein höheres moralisches und spirituelles Ziel ausgerichtet ist und daher das Leben eher bereichert als beeinträchtigt.

Askese und Gemeinschaft

Ein weiterer Punkt, an dem Nietzsche das Ziel verfehlt, ist seine individualistische Interpretation der Askese. In der christlichen Tradition finden asketische Praktiken oft gemeinschaftlich statt und dienen dem Aufbau von Gemeinschaft und Solidarität. Das ist weit entfernt von der isolierenden, lebensverleugnenden Askese, die Nietzsche kritisiert.

Die Früchte der christlichen Askese

Im Laufe der Geschichte wurde christliche Askese oft mit intensiver Kreativität, sozialen Reformen und wohltätigen Werken in Verbindung gebracht. Persönlichkeiten wie der heilige Franziskus von Assisi oder Mutter Teresa, die einen asketischen Lebensstil vertraten, hatten einen enormen Einfluss auf die Welt, nicht nur auf spirituelle, sondern auch auf praktische, lebensbejahende Weise.

Abschluss

Nietzsches Kritik des asketischen Ideals regt zwar zum Nachdenken an, basiert jedoch größtenteils auf Missverständnissen und falschen Darstellungen der christlichen Perspektive. Weit davon entfernt, einen lebensverleugnenden Nihilismus zu fördern, dient die christliche Askese als Weg zu größerer spiritueller, moralischer und sogar sozialer Erfüllung. Es ist eine disziplinierte Ausübung des Willens zum Guten, die die Lebenserfahrung eher steigert als schmälert.

Kapitel 11: Feminismus und Nietzsche: Wo er falsch lag

FRIEDRICH NIETZSCHES Ansichten über Frauen und Geschlecht sind oft und aus guten Gründen auf den Prüfstand gestellt worden. In seinen Schriften wimmelt es von Aussagen, die eindeutig frauenfeindlich sind und im Widerspruch zu feministischen Prinzipien stehen. Während seine Beiträge zur Philosophie unbestreitbar sind, wird in diesem Kapitel argumentiert, dass Nietzsches Geschlechteransichten nicht nur veraltet, sondern auch zutiefst fehlerhaft sind. Darüber hinaus werden in diesem Kapitel Nietzsches Ansichten mit den Lehren des Christentums verglichen und dessen fortschrittlichere und humanere Haltung zu Geschlechterfragen hervorgehoben.

Nietzsches Ansichten über Frauen und Geschlecht

Nietzsches Gedanken über Frauen und Geschlechterrollen sind alles andere als schmeichelhaft. In seinen Schriften werden Frauen häufig in untergeordnete Positionen verwiesen, indem er sie eher als emotionale als als rationale Wesen betrachtet und sie in erster Linie in Bezug auf Männer definiert. Solche Ansichten sind keine isolierten Bemerkungen, sondern wiederkehrende Themen in seinen Werken, was es schwierig macht, sie als bloße Macken seiner Philosophie abzutun.

Das „Ewig Weibliche"

Nietzsches Konzept des „ewigen Weiblichen" reduziert die Weiblichkeit auf einen Archetyp, der passiv, unterwürfig ist und sich nur im Gegensatz zum Mann definiert. Diese Vorstellung verewigt schädliche Geschlechterstereotypen und negiert die Individualität und Entscheidungsfreiheit von Frauen.

Frauen als „Wille zur Macht" sind schief gelaufen

Ein weiterer problematischer Aspekt ist Nietzsches Darstellung von Frauen als manipulativ, getrieben von einer verzerrten Form des Willens zur Macht. Er argumentiert, dass Frauen ihren Willen zur Macht nicht durch direktes Handeln, sondern durch Manipulation und List ausüben, was von Natur aus betrügerisch und dem männlichen Ausdruck von Macht unterlegen ist.

Die progressive Haltung des Christentums gegenüber Frauen

Im Gegensatz zu Nietzsche bietet die christliche Tradition eine aufgeklärtere und ausgewogenere Perspektive auf Frauen und Geschlechterrollen. Christliche Lehren betonen die inhärente Würde und den Wert aller Menschen, unabhängig vom Geschlecht. Darüber hinaus tauchen in der Bibel und der christlichen Geschichte viele starke Frauenfiguren auf, wie Deborah, Maria und Phoebe, die sich stereotypen Geschlechterrollen widersetzen.

Galater 3:28: Ein christlicher Kontrapunkt

Die Aussage des Apostels Paulus in Galater 3,28: „Es gibt weder Juden noch Heiden, weder Sklaven noch Freie, noch gibt es Mann und Frau, denn ihr seid alle eins in Christus Jesus." dient als Beweis für die

Gleichheit und Einheit, die es gibt Das Christentum sieht alle Gläubigen vor, unabhängig vom Geschlecht.

Feminismus und Christentum: Verbündete, keine Gegner

Während einige Kritiker argumentieren, dass das Christentum zur Rechtfertigung des Patriarchats missbraucht wurde, offenbart ein tieferes Verständnis das Potenzial für eine feministisch-christliche Allianz. Feministische Theologie ist ein wachsendes Feld, das christliche Texte und Traditionen neu interpretiert, um die Gleichstellung der Geschlechter zu betonen und patriarchale Strukturen in Frage zu stellen.

Nietzsches Vermächtnis: Ein Hindernis für die Gleichstellung der Geschlechter

Nietzsches Ansichten über Frauen verewigen schädliche Geschlechternormen, die den Fortschritt in Richtung Gleichberechtigung behindern. Sie bieten keine konstruktiven Lösungen an und erkennen die systemischen Ungerechtigkeiten, mit denen Frauen konfrontiert sind, nicht an.

Abschluss

Nietzsches Beiträge zur Philosophie mögen beträchtlich sein, aber wenn es um das Thema Geschlecht geht, sind seine Ansichten nicht nur veraltet, sondern grundlegend fehlerhaft. Im Gegensatz dazu bietet die christliche Tradition eine humanere und egalitärere Perspektive und bekräftigt die Würde und den Wert des Einzelnen unabhängig vom Geschlecht. Im modernen Kampf um die Gleichstellung der Geschlechter können die Lehren des Christentums als Ressource und Verbündeter dienen, während Nietzsches Philosophie ein Stolperstein bleibt.

Kapitel 12: Die positiven Beiträge des

DR SAMUEL JAMES

Christentums: Ein Kontrapunkt

FRIEDRICH NIETZSCHE stellt das Christentum oft als eine Religion dar, die Schwäche, Sanftmut und Lebensverleugnung fördert. Während seine Kritik zum Nachdenken anregt und unzählige Denker beeinflusst hat, überschattet sie oft die immens positiven Beiträge des Christentums zum Leben des Einzelnen und zur Gesellschaft insgesamt. Dieses Kapitel soll einen Kontrapunkt darstellen, indem es die vielfältigen positiven Auswirkungen des Christentums auf Ethik, Kultur und soziale Gerechtigkeit hervorhebt und so eine differenziertere und ausgewogenere Perspektive bietet.

Die ethischen Grundlagen

Das Christentum war ein Fundament für ethische und moralische Lehren, die den Test der Zeit bestanden haben. Konzepte wie Liebe, Barmherzigkeit und Gerechtigkeit haben in der christlichen Tradition differenzierte und tiefgreifende Ausdrucksformen gefunden. Diese Lehren haben ethische Rahmenbedingungen für Einzelpersonen, Gemeinschaften und ganze Nationen geformt.

Soziale Gerechtigkeit und Nächstenliebe

Der Fokus des Christentums auf soziale Gerechtigkeit und Nächstenliebe ist ein wesentlicher Beitrag zur menschlichen Zivilisation. Von der Bergpredigt bis zu den Werken moderner Theologen haben christliche Lehren unzählige Einzelpersonen und Organisationen dazu inspiriert, sich für soziale Gerechtigkeit, die Linderung der Armut, die Bekämpfung von Ungleichheit und den Einsatz für Menschenrechte einzusetzen.

Der Begriff des Individuums

Die Betonung der Heiligkeit der individuellen Seele im Christentum hatte tiefgreifende Auswirkungen auf das westliche Denken. Das

Konzept der individuellen Rechte und Freiheiten, das in vielen modernen Demokratien verankert ist, geht auf christliche Lehren über die jedem Menschen innewohnende Würde und den inhärenten Wert zurück.

Beiträge zu Bildung und Wissenschaft

Die christliche Tradition hat eine wesentliche Rolle bei der Förderung von Bildung und Wissenschaft gespielt. Viele der ersten Universitäten wurden auf christlichen Prinzipien gegründet und zahlreiche christliche Gelehrte haben bahnbrechende Beiträge auf verschiedenen wissenschaftlichen Gebieten geleistet. Die Vorstellung, dass die Welt rational und geordnet sei, Prinzipien, die der wissenschaftlichen Forschung zugrunde liegen, findet sich in der christlichen Theologie.

Die Künste und Kultur

Das Christentum hat auch unschätzbare Beiträge zu Kunst, Musik und Literatur geleistet. Von der beeindruckenden Architektur der Kathedralen bis hin zu den transzendenten Werken von Komponisten wie Bach hat die christliche Tradition die globale Kultur auf unzählige Arten bereichert.

Gemeinschaft und Gemeinschaft

Die Bedeutung der Gemeinschaft in der christlichen Tradition hat zur Bildung eng verbundener, unterstützender Gemeinschaften geführt, die verschiedene soziale Vorteile bieten, von gemeinsamen Werten und gegenseitiger Unterstützung bis hin zu praktischer Hilfe in Zeiten der Not.

Öffentlicher Diskurs und Demokratie

Die Rolle des Christentums bei der Gestaltung des öffentlichen Diskurses und der Prinzipien der modernen Demokratie sollte nicht unterschätzt werden. Die Kirche diente oft als Raum für gemeinschaftliche Diskussionen und soziale Organisation, und die christliche Ethik hat Debatten über alles von der Gesundheitsversorgung bis zur Strafjustiz beeinflusst.

Der philosophische Dialog

Weit davon entfernt, das philosophische Denken zu ersticken, wie Nietzsche behauptet, war das Christentum oft ein fruchtbarer Boden für intellektuelle Forschung und ist im Laufe der Jahrhunderte in bedeutungsvolle Dialoge mit verschiedenen philosophischen Traditionen eingetreten.

Abschluss

Nietzsches Kritik am Christentum ist zwar bedeutsam, bietet aber eine einseitige Sichtweise, die die positiven Beiträge der Religion nicht vollständig berücksichtigt. Von Ethik und sozialer Gerechtigkeit bis hin zu Bildung und Kunst war das Christentum in zahlreichen Aspekten des menschlichen Lebens eine Kraft des Guten. Obwohl es nicht ohne Mängel ist und manchmal sogar missbraucht wurde, war die Gesamtwirkung des Christentums überwältigend positiv, es hat das Leben des Einzelnen bereichert und Gesellschaften zum Besseren verändert.

Kapitel 13: Die Mängel in Nietzsches Kritik des Christentums

FRIEDRICH NIETZSCHES Kritik des Christentums ist einer der aufrührerischsten und umstrittensten Aspekte seiner Philosophie. Es hat Generationen des intellektuellen Denkens geprägt und bleibt ein zentraler Bestandteil der Debatte über die Rolle der Religion in der

Gesellschaft. Allerdings ist Nietzsches Kritik nicht ohne Mängel. Ziel dieses Kapitels ist es, Nietzsches Argumente gegen das Christentum zu analysieren und ihre Grenzen hervorzuheben, um letztendlich zu zeigen, dass seine Kritik oft auf Fehlinterpretationen und pauschalen Verallgemeinerungen beruht.

Nietzsches Argument der „Sklavenmoral".

Eine von Nietzsches zentralen Kritikpunkten am Christentum ist die Förderung einer „Sklavenmoral", die durch Werte wie Demut, Mitgefühl und Sanftmut gekennzeichnet ist. Nietzsche behauptet, dass diese Werte lebensverleugnend sind und den natürlichen Ausdruck des Willens zur Macht behindern. Dieses Argument vereinfacht jedoch die christliche Ethik zu sehr und reduziert sie auf eine einzige Dimension, die ihre Komplexität und den Reichtum der Tradition außer Acht lässt.

Die Fehlinterpretation von „Ressentiments"

Nietzsche glaubt, dass das Christentum aus Ressentiments (Ressentiment) entsteht, das dadurch entsteht, dass die Machtlosen die Werte der Mächtigen moralisch umkehren. Dieses Argument wird oft als grundlegendes Verständnis der Ursprünge der christlichen Moral angeführt. Es berücksichtigt jedoch nicht die vielfältigen Ursprünge und Lehren des Christentums, zu denen nicht nur eine Reaktion auf soziale Ungleichheiten, sondern auch eine positive Vision für das menschliche Leben gehört, die auf Liebe, Gerechtigkeit und Gemeinschaft basiert.

Ohne Berücksichtigung des theologischen Kontexts

Nietzsche kritisiert häufig christliche Lehren wie die Erbsünde oder den Gottesbegriff, ohne deren breiteren theologischen Kontext zu berücksichtigen. Dieser Ansatz lässt seine Kritik eher eindimensional erscheinen und übersieht das differenzierte Verständnis dieser Lehren innerhalb der christlichen Tradition selbst.

DR SAMUEL JAMES

Die positiven Beiträge des Christentums ignorieren

Wie im vorherigen Kapitel erläutert, lässt Nietzsches Fokus auf die sogenannten „negativen Aspekte" des Christentums keinen Raum für die Anerkennung seiner positiven Beiträge zu Ethik, Kultur, sozialer Gerechtigkeit und mehr. Diese unausgewogene Sichtweise zeichnet ein verzerrtes Bild, das den vielfältigen Auswirkungen der Religion auf die menschliche Zivilisation nicht gerecht wird.

Überbetonung des Individualismus

Nietzsches Philosophie legt großen Wert auf die uneingeschränkte Willensäußerung des Einzelnen. Während die Entscheidungsfreiheit des Einzelnen von entscheidender Bedeutung ist, ignoriert seine Kritik oft die Bedeutung der Gemeinschaft, der sozialen Zusammenarbeit und der gegenseitigen Fürsorge, Aspekte, die tief in den christlichen Lehren verankert sind.

Die Frage des Leidens

Nietzsche kritisiert das Christentum für seinen Umgang mit dem Leiden und wirft ihm vor, Schwäche zu verherrlichen und aus dem Leiden eine Tugend zu machen. Er vermisst jedoch die tiefgreifende Art und Weise, wie das Christentum versucht, sich mit dem Problem des Leidens auseinanderzusetzen und angesichts der Prüfungen und Nöte des Lebens Hoffnung und Sinn zu bieten.

Die Karikatur christlicher Figuren

Nietzsche neigt dazu, christliche Figuren und Lehren entsprechend seinen Argumenten zu karikieren. Figuren wie Jesus und Paulus werden oft auf eine Weise dargestellt, die gut zu seiner Kritik passt, aber die Komplexität und Vielfalt der Interpretationen innerhalb des christlichen Denkens außer Acht lässt.

Abschluss

Obwohl Friedrich Nietzsches Kritik am Christentum enorm einflussreich war, ist sie mit Einschränkungen behaftet, die von übermäßigen Vereinfachungen und Fehlinterpretationen bis hin zu eklatanten Auslassungen reichen. Bei genauerem Hinsehen erkennt man, dass viele seiner Argumente auf einem selektiven und teilweise verzerrten Verständnis der christlichen Lehren beruhen. Obwohl Nietzsches Werk ein wichtiger Teil der Geistesgeschichte und des philosophischen Diskurses bleibt, sollte seine Kritik des Christentums mit kritischem Blick gelesen werden und sich seiner inhärenten Mängel und Grenzen bewusst sein.

Kapitel 14: Nietzsche und Postmodernismus: Die Zusammenhänge aufdecken

DIE PHILOSOPHIE VON Friedrich Nietzsche wird oft als Vorläufer der Postmoderne bezeichnet, einer intellektuellen Bewegung, die durch Skepsis gegenüber großen Erzählungen, Ablehnung objektiver Wahrheit und einem Fokus auf Machtdynamiken gekennzeichnet ist. Das Ausmaß, in dem Nietzsche tatsächlich die Postmoderne beeinflusst, und die Auswirkungen, die dies auf das Christentum hat, werden jedoch selten differenziert untersucht. Ziel dieses Kapitels ist es, die Verbindungen zwischen Nietzsche und dem postmodernen Denken aufzudecken und die potenziellen Probleme zu untersuchen, die diese Verbindungen sowohl für die christliche Philosophie als auch für die Postmoderne selbst darstellen.

Nietzsche als Vorläufer der Postmoderne

Nietzsches Skeptizismus gegenüber universellen Wahrheiten und seine Betonung des Willens zur Macht machen ihn zu einer bedeutenden Figur in der intellektuellen Landschaft, die zur Postmoderne führte.

Seine Kritik der traditionellen westlichen Metaphysik und seine Einführung des Perspektivismus legten den Grundstein für spätere postmoderne Kritiken der Objektivität und totalisierender Erzählungen.

Das Problem des Relativismus

Sowohl Nietzsche als auch die Postmoderne werden oft beschuldigt, eine Form des Relativismus zu fördern, der die Möglichkeit einer objektiven moralischen oder sachlichen Wahrheit leugnet. Für das Christentum, das die Existenz universeller moralischer Gesetze und absoluter Wahrheit postuliert, ist dies eine ernsthafte Herausforderung. Bei näherer Betrachtung zeigt sich jedoch, dass Nietzsche selbst kein strenger Relativist war. Seine Philosophie lässt Werthierarchien zu, wenn auch solche, die eher auf Lebensbejahung als auf metaphysischen Absolutheiten basieren.

Die Schuld der Postmoderne gegenüber Nietzsche

Wichtige postmoderne Denker wie Michel Foucault und Jacques Derrida wurden stark von Nietzsche beeinflusst. Seine Vorstellungen zu Macht, Sprache und Bedeutungsinstabilität wurden im Rahmen postmoderner Theorien auf verschiedene Weise erweitert und adaptiert. Allerdings treibt die Postmoderne diese Ideen oft auf die Spitze, die Nietzsche möglicherweise nicht befürwortet hätte, und führt zu einer Form des Skeptizismus, der so radikal ist, dass er jede Form sinnvoller Kommunikation oder ethischen Handelns zu untergraben droht.

Christliche Antworten auf die Postmoderne

Während die Postmoderne das traditionelle christliche Denken vor Herausforderungen stellt, bietet sie auch Chancen. Postmoderne Kritik kann Christen dabei helfen, verborgene Machtdynamiken und Vorurteile innerhalb ihrer eigenen Tradition zu erkennen und anzugehen. Darüber hinaus kann das Christentum der Postmoderne etwas bieten, was ihr oft fehlt: einen robusten ethischen Rahmen und eine Grundlage für Hoffnung und Sinn.

Das Problem der Leistungsdynamik

Sowohl Nietzsche als auch postmoderne Denker befassen sich intensiv mit Machtdynamiken, ihre Behandlung dieses Themas unterscheidet sich jedoch erheblich. Während Nietzsche Macht oft als Selbstzweck feiert, nutzen viele postmoderne Theorien ihre Machtanalyse, um sich für soziale Gerechtigkeit einzusetzen, ein Ansatz, der eher mit der christlichen Ethik übereinstimmt.

Die Grenzen des Skeptizismus

Nietzsches Skeptizismus zielte darauf ab, den Einzelnen von den Fesseln der traditionellen Moral und Metaphysik zu befreien. Wenn dieser Skeptizismus im postmodernen Denken jedoch auf die Spitze getrieben wird, kann er lähmend wirken und die Möglichkeit von Gerechtigkeit, Ethik oder einem sinnvollen Leben untergraben – ein Zustand, der in krassem Gegensatz zu der Hoffnung und dem ethischen Handeln steht, die von christlichen Lehren inspiriert werden.

Abschluss

Während Nietzsches Philosophie das postmoderne Denken maßgeblich beeinflusst hat, ist die Beziehung zwischen beiden komplex und voller Widersprüche. Darüber hinaus stellen beide zwar Herausforderungen für den traditionellen christlichen Glauben dar, bieten aber auch Möglichkeiten zur Reflexion, Kritik und zum Wachstum. Das Verständnis der differenzierten Verbindungen zwischen Nietzsche und der Postmoderne kann daher wertvolle Erkenntnisse für jeden liefern, der sich für die Schnittstellen von Philosophie, Kultur und Religion interessiert.

Kapitel 15: Fazit: Auf dem Weg zu einem umfassenderen Verständnis

AM ENDE DIESES BUCHES wird deutlich, dass die Beziehung zwischen Friedrich Nietzsches Philosophie und dem Christentum komplex und voller Herausforderungen und Chancen ist. Während Nietzsches Kritik ernsthafte Fragen zu christlichen Überzeugungen, Ethik und sozialen Auswirkungen aufgeworfen hat, zeigt eine sorgfältige Analyse, dass seine Ansichten oft auf Fehlinterpretationen, übermäßigen Vereinfachungen und selektiven Lesarten der christlichen Tradition beruhen.

Zusammenfassung der Kritiken

Nietzsches Kritik am Christentum konzentriert sich auf seine Förderung der „Sklavenmoral", seinen Ursprung in Ressentiments und seine lebensverleugnenden Tendenzen. Seine Vorstellung vom „Willen zur Macht" steht in scharfem Gegensatz zu christlichen Tugenden wie Demut, Mitgefühl und Liebe. Doch wie wir bereits besprochen haben, beruht diese Kritik oft auf einer verzerrten Perspektive, die nicht den vollen Umfang und die Tiefe christlichen Denkens und Handelns erfasst.

Anerkennung der Beiträge des Christentums

Die vielfältigen positiven Beiträge des Christentums zur menschlichen Zivilisation werden oft von Nietzsches kraftvoller Kritik überschattet. Von seinen ethischen Lehren bis hin zu seinem Einfluss auf Kunst, Wissenschaft und soziale Gerechtigkeit ist das Christentum seit Jahrhunderten eine Quelle unermesslichen Gutes, das das Leben einzelner Menschen und Gesellschaften bereichert.

Nietzsche und Postmodernismus

NIETZSCHE ENTLARVEN: EINE CHRISTLICHE ANTWORT

Nietzsches Philosophie dient als Vorläufer des postmodernen Denkens und fordert und bereichert die Debatten um Wahrheit, Moral und Macht. Der extreme Skeptizismus und die Konzentration auf Machtdynamiken der Postmoderne können jedoch sowohl als Erweiterung als auch als Verzerrung von Nietzsches ursprünglichen Ideen angesehen werden.

Möglichkeiten zum Dialog

Weit davon entfernt, die Tür zu einem sinnvollen Dialog zwischen nietzscheanischem und christlichem Denken zu verschließen, bieten die dargelegten Kritiken und Kontrapunkte eine Plattform für tieferes Verständnis. Unabhängig davon, ob Sie Nietzsches Kritiken zustimmen, sie für mangelhaft halten oder irgendwo dazwischen landen, dienen sie unbestreitbar als Katalysator für kritisches Denken und konstruktive Gespräche.

Der Weg nach vorn

Um zu einem umfassenderen Verständnis sowohl der Philosophie Nietzsches als auch des Christentums zu gelangen, müssen wir beide mit einem offenen, kritischen Geist angehen. Christliche Denker sollten nicht davor zurückschrecken, sich direkt mit Nietzsches Kritik auseinanderzusetzen, und diejenigen, die von Nietzsche beeinflusst wurden, täten gut daran, sich tiefer mit dem reichen Geflecht des christlichen Denkens und der christlichen Tradition auseinanderzusetzen.

Abschließende Gedanken

Obwohl Nietzsches Philosophie und die christliche Lehre diametral gegensätzlich erscheinen mögen, sind sie beide Teil des breiten Spektrums menschlichen Denkens und Erlebens. Indem wir die Kritiken hinterfragen, die Kontrapunkte berücksichtigen und einen offenen Dialog fördern, können wir ein umfassenderes Verständnis für beides erlangen. Letztlich geht es nicht darum, den Streit zu „gewinnen", sondern darum, unser gemeinsames Streben nach Wahrheit, Sinn und einem gut gelebten Leben voranzutreiben.

Vielen Dank, dass Sie an dieser intellektuellen Reise durch Nietzsches Philosophie und ihre Beziehung zum Christentum teilgenommen haben. Unabhängig davon, wo Sie zu diesen Themen stehen, hoffen wir, dass dieses Buch Ihnen wertvolle Einblicke vermittelt, nachdenkliche Fragen anregt und Ihr Verständnis für einige der tiefgreifendsten Ideen bereichert, die unsere Welt weiterhin prägen.

Tabelle der Einwände von Neitche und der christlichen Reaktion

ChatGPT

Nachfolgend finden Sie eine Tabelle, die einige der wichtigsten Einwände Nietzsches gegen das Christentum und mögliche christliche Antworten auf diese Einwände darlegt.

NIETZSCHE ENTLARVEN: EINE CHRISTLICHE ANTWORT

Nietzsches Einwände	Christliche Antworten
"Gott ist tot"	Der Glaube an einen transzendenten Gott ist für Millionen lebendig und grundlegend; Die Behauptung wird eher als kulturelle Beobachtung denn als existenzielle Realität angesehen.
Sklavenmoral	Christliche Tugenden wie Demut und Mitgefühl sind keine „Sklavenmoral", sondern stellen ein radikales und transformatives ethisches System dar.
Ursprünge im Ressentiment (Ressentiment)	Der Ursprung des Christentums liegt nicht nur in Ressentiments, sondern in einer revolutionären Vision von Liebe, Gnade und Gerechtigkeit.
Lebensverleugnend	Das Christentum lehrt Lebensbejahung durch Konzepte wie Hoffnung, Erlösung und ewiges Leben.
Der Übermensch als Ideal	Das christliche Ideal konzentriert sich auf Tugenden, die Gemeinschaft und Altruismus fördern, und nicht auf extremen Individualismus.
Ewige Wiederkehr	Das christliche Verständnis von Zeit und Geschichte beinhaltet einen linearen Fortschritt hin zu einem göttlichen Höhepunkt, der Hoffnung und Zweck bietet.
Unterscheidung der Herren-Sklave-Moral	Das Christentum bietet einen differenzierten moralischen Rahmen, der nicht ohne weiteres in Nietzsches Dichotomie passt.
Nihilismus	Das Christentum konfrontiert den Nihilismus mit einer Erzählung, die Sinn, moralische Struktur und Hoffnung bietet.
Wille zur Macht	Die christliche Ethik betont die Macht der Liebe, des Dienens und des Opfers im Gegensatz zur

Nietzsches Einwände	Christliche Antworten
	Herrschaft.
Problem des Leidens	Das Christentum bietet eine komplexe Theologie des Leidens, die Hoffnung, Erlösung und göttliches Mitgefühl umfasst.
Kritik von Rationalität und Wahrheit	Das Christentum hat eine lange Tradition intellektueller Strenge und Auseinandersetzung mit Fragen der Wahrheit.
Asketisches Ideal	Christliche asketische Praktiken zielen auf spirituelles Wachstum und den Nutzen für die Gemeinschaft ab, nicht auf Lebensverleugnung.
Feminismus und Geschlechterrollen	Das moderne christliche Denken befürwortet zunehmend die Gleichstellung der Geschlechter und stellt traditionelle Rollen in Frage.
Kritik christlicher Figuren/Lehre	Viele Figuren und Lehren innerhalb des Christentums sind offen für Interpretationen, und Nietzsches Karikaturen mangelt es oft an Nuancen.
Verbindungen zur Postmoderne	Während die Postmoderne das Christentum herausfordert, bietet sie auch Möglichkeiten zur Selbstkritik und zum Wachstum.

Diese Tabelle erhebt keinen Anspruch auf Vollständigkeit, sondern soll einen Überblick über die Dialoge und Debatten zwischen Nietzschean und christlichem Denken geben.

Anhang:

Nietzsches sachliche Irrtümer

———

Während Friedrich Nietzsches Kritik des Christentums zahlreiche Debatten und intellektuelle Auseinandersetzungen ausgelöst hat, ist es wichtig anzumerken, dass sein Verständnis der christlichen Geschichte, Lehre und Praxis mehrere sachliche Ungenauigkeiten oder irreführende Interpretationen enthält. Dieser Anhang soll einige dieser Fehler hervorheben, um unser Verständnis von Nietzsche und dem Christentum zu vertiefen.

Missverständnis der christlichen Moral

Nietzsches Charakterisierung der christlichen Moral als reine „Sklavenmoral" neigt dazu, die vielfältigen ethischen Lehren innerhalb der christlichen Tradition zu übersehen. Während er sich auf die Tugenden Demut und Sanftmut konzentriert, vernachlässigt er das reiche Eintreten der Tradition für Gerechtigkeit, Mut und Weisheit sowie andere Tugenden.

Überbetonung von Ressentiments

Nietzsche geht davon aus, dass der moralische Rahmen des Christentums aus „Ressentiments" oder Ressentiments gegen die römische Herrschaft und die aristokratische Klasse entstanden ist. Dabei werden jedoch die jüdischen ethischen und religiösen Traditionen außer Acht gelassen, die das frühe Christentum maßgeblich geprägt haben.

Die Fehlinterpretation „Gott ist tot".

Nietzsches berühmte Aussage „Gott ist tot" wird oft als wörtlicher Angriff auf den Glauben an Gott aufgefasst. Nietzsche äußerte sich jedoch eher zum Niedergang der religiösen Autorität in der Gesellschaft als zur Existenz Gottes an sich. Darüber hinaus ist das christliche Gotteskonzept vielschichtig und eignet sich nicht für eine derart vereinfachende Kritik.

Missverständnis der Erbsünde

Nietzsche kritisiert die Erbsündenlehre als ein lebensverleugnendes Konzept, das Schuldgefühle hervorruft. Es stimmt zwar, dass das Konzept in der Vergangenheit auf diese Weise verwendet wurde, seine Kritik lässt jedoch differenziertere Interpretationen der Lehre außer Acht, die die Menschenwürde und die Möglichkeit der Erlösung betonen.

Ungenaue Lektüre des Neuen Testaments

Nietzsches Lektüre des Neuen Testament wählt oft Verse aus, die seine These stützen, und ignoriert dabei die umfassendere Erzählung, die Themen wie Befreiung, Liebe und Gerechtigkeit beinhaltet.

Missachtung der christlichen Mystik

Nietzsche beschäftigt sich selten mit der christlichen mystischen Tradition, die die direkte Erfahrung der göttlichen Liebe und der Vereinigung mit Gott betont. Diese Tradition stellt eine andere Facette des Christentums dar, die nicht genau mit Nietzsches Charakterisierung des Christentums als lebensverleugnend und repressiv übereinstimmt.

Vernachlässigung christlicher Beiträge zu Kultur und Gesellschaft

Nietzsches Schriften konzentrieren sich oft auf die seiner Meinung nach negativen Auswirkungen des Christentums auf die westliche Kultur und übersehen dabei die vielen positiven Beiträge wie Fortschritte in Wissenschaft, Kunst, Musik und sozialer Gerechtigkeit.

Abschluss

NIETZSCHE ENTLARVEN: EINE CHRISTLICHE ANTWORT

Nietzsches Kritik des Christentums hatte zweifellos erhebliche Auswirkungen auf den religiösen und philosophischen Diskurs. Doch wie jeder Denker ist auch Nietzsche nicht ohne blinde Flecken und sachliche Fehler. Die Anerkennung dieser Aspekte ermöglicht nicht nur einen umfassenderen Blick auf Nietzsches Werk, sondern ermöglicht auch einen fundierteren und konstruktiveren Dialog zwischen Nietzsches und christlichem Denken.

Nietzsches logische Fehler und logische Trugschlüsse

———

F riedrich Nietzsche ist eine wegweisende Figur in der Geschichte der Philosophie, aber wie jeder Denker steht er nicht vor Kritik. Ziel dieses Anhangs ist es, einige logische Fehler und Trugschlüsse zu identifizieren, die in Nietzsches Argumenten gegen das Christentum enthalten sind. Obwohl dies nicht sein gesamtes Werk ungültig macht, sind diese Punkte für jeden von Bedeutung, der sich kritisch mit Nietzsches Kritik des christlichen Glaubens auseinandersetzen möchte.

Strohmann-Irrtum

Einer der offensichtlichsten logischen Irrtümer in Nietzsches Kritik des Christentums ist der Strohmann-Irrtum. Nietzsche konstruiert oft eine leicht widerlegbare Version des christlichen Glaubens oder der christlichen Praxis und demontiert sie dann, wobei er differenziertere oder anspruchsvollere Versionen des Glaubens ignoriert. Beispielsweise verkennt seine Charakterisierung der christlichen Ethik als reine „Sklavenmoral" das breite Spektrum ethischer Lehren innerhalb des christlichen Denkens.

Voreilige Verallgemeinerung

Nietzsches Lesarten christlicher Texte und Traditionen beinhalten oft voreilige Verallgemeinerungen. Er neigt dazu, konkrete Beispiele zu nehmen – etwa asketische Praktiken oder Fälle religiöser Heuchelei – und sie so zu extrapolieren, als ob sie universell auf das gesamte Christentum anwendbar wären.

Post-hoc-Irrtum

DR SAMUEL JAMES

Mit der Behauptung, dass der Niedergang des religiösen Glaubens im modernen Europa ausschließlich auf die lebensverleugnenden Aspekte des Christentums zurückzuführen sei, begeht Nietzsche einen Post-hoc-Trugschluss. Während der Niedergang religiöser Autorität ein komplexes Thema mit mehreren Faktoren ist, vereinfacht Nietzsche es, um es seiner Kritik anzupassen.

Falsches Dilemma

Nietzsches Darstellung der Herren-Sklaven-Moral schafft ein falsches Dilemma, indem sie vorschlägt, dass man sich entweder eine „Herrenmoral" zu eigen machen muss, die auf Macht und Herrschaft ausgerichtet ist, oder eine „Sklavenmoral", die auf Sanftmut und Demut ausgerichtet ist. Dies ignoriert die Möglichkeit eines differenzierteren ethischen Rahmens, der Elemente beider Elemente einbezieht.

Appell an die Lächerlichkeit

Nietzsche greift bei der Kritik christlicher Überzeugungen oft eher auf Spott oder Spott als auf logische Argumentation zurück. Auch wenn dies rhetorisch wirkungsvoll sein mag, stellt es keine gültige logische Kritik dar.

Zirkelschluss

In manchen Fällen scheinen Nietzsches Argumente gegen das Christentum vorauszusetzen, was sie beweisen wollen. Beispielsweise übernimmt seine Auffassung, dass das Christentum lebensverleugnend sei, oft diese Eigenschaft der Religion, ohne ausreichende Beweise zu liefern, und führt so zu einem Zirkelschluss.

Rosinenpickende Daten (Selektive Abstraktion)

Nietzsche neigt dazu, sich auf bestimmte Ereignisse, Figuren oder Lehren innerhalb des Christentums zu konzentrieren, die seine Kritik stützen, und ignoriert diejenigen, die eine ausgewogenere oder positivere Sicht auf die Religion bieten könnten. Diese selektive Abstraktion untergräbt die Fairness und Vollständigkeit seiner Kritik.

Genetischer Irrtum

Nietzsche kritisiert oft die Ursprünge des christlichen Glaubens, indem er beispielsweise die christliche Moral auf Ressentiments (Ressentiment) gegen die Römer zurückführt. Selbst wenn dies korrekt wäre, entkräftet es nicht unbedingt die Überzeugungen selbst und begeht den genetischen Irrtum.

Ad-Hominem-Angriffe

Während sich Nietzsche mit christlichen Ideen auseinandersetzt, greift er auch oft auf Ad-hominem-Angriffe zurück und kritisiert eher den Charakter religiöser Anhänger als die Gültigkeit ihrer Überzeugungen. Dies umgeht die Notwendigkeit einer logischen Argumentation und liefert keine substanzielle Kritik.

Abschluss

Obwohl Nietzsche eine provokante und herausfordernde Kritik des Christentums liefert, sind seine Argumente nicht ohne logische Fehler. Das Erkennen dieser Fehler kann uns helfen, uns kritischer mit seinem Werk auseinanderzusetzen und ein differenzierteres Verständnis sowohl des Nietzscheanischen als auch des christlichen Denkens zu entwickeln.

Nietzsches kognitive Vorurteile

F riedrich Nietzsches philosophische Beiträge hatten einen tiefgreifenden Einfluss auf das moderne Denken, dennoch ist es wichtig zu erkennen, dass seine Analysen von bestimmten kognitiven Vorurteilen geprägt sind. Kognitive Vorurteile sind systematische Muster der Abweichung von der Norm oder Rationalität im Urteil, und das Verständnis dieser Vorurteile kann dabei helfen, Nietzsches Werk, insbesondere seine Kritik am Christentum, kritisch zu bewerten. Hier sind einige der kognitiven Vorurteile, die Nietzsches Schriften zu beeinflussen scheinen:

Bestätigungsverzerrung

Nietzsches Argumente weisen oft eine starke Bestätigungsverzerrung auf, bei der Beweise hervorgehoben werden, die seine bereits bestehenden Überzeugungen über das Christentum stützen, während Beweise für das Gegenteil ignoriert oder zurückgewiesen werden. Beispielsweise konzentriert er sich auf Momente in der christlichen Geschichte, die von Unterdrückung oder Dogmatismus geprägt sind, während er die zahlreichen Beiträge der Tradition zu Ethik, sozialer Gerechtigkeit und Kunst außer Acht lässt.

Grundlegender Zuordnungsfehler

Nietzsche neigt dazu, das Verhalten und die Überzeugungen von Christen ausschließlich auf ihre religiösen Überzeugungen zurückzuführen und situative oder kulturelle Faktoren zu vernachlässigen. Dies zeigt sich in seinen Verallgemeinerungen über die „Sklavenmoral" als einen allgemein anerkannten christlichen ethischen Rahmen, der die Vielfalt der Überzeugungen und Praktiken innerhalb des Christentums ignoriert.

DR SAMUEL JAMES

Selbstüberschätzungseffekt

Nietzsches Ton und Stil vermitteln oft ein hohes Maß an Sicherheit in seinen Schlussfolgerungen. Dieses übertriebene Selbstvertrauen kann den Eindruck erwecken, dass seine Kritiken endgültig sind, selbst wenn sie auf persönlicher Interpretation oder selektiven Beweisen beruhen.

Rückschaufehler

Bei der Analyse der Geschichte und der Auswirkungen des christlichen Denkens bedient sich Nietzsche häufig einer rückblickenden Tendenz und interpretiert Ereignisse aufgrund der von ihm identifizierten Mängel in der christlichen Lehre so, als wären sie unvermeidlich oder vorhersehbar. Dabei wird das komplexe Zusammenspiel religiöser und historischer Entwicklungen übersehen.

Verankerung

Nietzsches Kritik des Christentums ist oft in einigen Schlüsselideen verankert, etwa in den Begriffen „Sklavenmoral", „Ressentiments" und „Wille zur Macht". Diese Ankerpunkte können den Umfang seiner Analyse einschränken und es ihm erschweren, sich vollständig mit den Nuancen und Komplexitäten christlichen Denkens und Handelns auseinanderzusetzen.

Stereotypisierung

Auch wenn es sich bei Nietzsches Darstellung des Christentums nicht um eine kognitive Voreingenommenheit im herkömmlichen Sinne handelt, beruht sie oft auf Stereotypen, die eine komplexe und vielfältige religiöse Tradition vereinfachen. Seine Charakterisierung von Christen als sanftmütig, unterwürfig und lebensverleugnend ignoriert die erheblichen Unterschiede innerhalb der christlichen Ethik und Theologie.

NIETZSCHE ENTLARVEN: EINE CHRISTLICHE ANTWORT

Falscher Konsenseffekt

Nietzsche schreibt manchmal so, als seien seine Kritiken am Christentum selbstverständliche Wahrheiten, die von allen rationalen Individuen anerkannt werden. Dies kann als eine Form des falschen Konsenseffekts angesehen werden, bei dem er das Ausmaß überschätzt, in dem andere seine Ansichten teilen.

Verfügbarkeitsheuristik

Nietzsches Kritik konzentriert sich oft auf die sichtbarsten oder bekanntesten Aspekte des Christentums, insbesondere auf seine institutionellen Formen und Mainstream-Doktrinen. Dies kann auf die Verfügbarkeitsheuristik zurückgeführt werden, bei der leichter verfügbare Informationen das Urteilsvermögen unverhältnismäßig beeinflussen.

Abschluss

Sich dieser kognitiven Vorurteile bewusst zu sein, bedeutet nicht zwangsläufig, dass Nietzsches Beiträge entkräftet werden, aber es lädt zu einer kritischeren Auseinandersetzung mit seinem Werk ein. Durch die Identifizierung dieser Vorurteile können Leser die Stärken und Schwächen von Nietzsches Kritik des Christentums besser einschätzen und so den Dialog zwischen Nietzsches und christlichem Denken bereichern.

Innere Widersprüche in Nietzsches Atheismus

――――

F riedrich Nietzsche scheute sich als Philosoph nicht, sich dem christlichen Rahmenwerk seiner Zeit entgegenzustellen. Sein Atheismus war sowohl eine persönliche Überzeugung als auch ein Eckpfeiler seines philosophischen Denkens. Eine eingehende Untersuchung von Nietzsches Ideen legt jedoch nahe, dass er trotz seiner Ablehnung der christlichen Theologie versehentlich einige ihrer Grundannahmen beibehält. In diesem Anhang werden die inneren Widersprüche in Nietzsches Atheismus untersucht, die sich aus seiner teilweisen Abhängigkeit von Konzepten ergeben, die traditionell mit christlichem Denken verbunden sind.

1. Moralische Ordnung in einem gottlosen Universum

Nietzsches berühmte Proklamation „Gott ist tot" impliziert den Tod einer moralischen Ordnung, die von einem göttlichen Wesen geleitet wird. Dennoch hält er paradoxerweise an der Notwendigkeit einer Neubewertung der Werte fest und deutet implizit an, dass es eine Ordnung gibt, die erkannt und befolgt werden muss. Dies ist von Natur aus widersprüchlich, denn wenn es keinen göttlichen Gesetzgeber gibt, dann mangelt es den moralischen Imperativen, die Nietzsche vertritt, an der Absolutheit, die eine theistische Weltanschauung bietet.

2. Eigenwert und Würde

Nietzsche besteht auf dem inneren Wert und der Würde des Einzelnen, insbesondere auf seiner Fähigkeit, gesellschaftliche Normen zu überwinden und persönlichen Sinn zu schaffen. Allerdings ist die Menschenwürde im atheistischen und naturalistischen Rahmen keine apriorische Tatsache, sondern ein gesellschaftliches Konstrukt. Dies spiegelt die implizite Annahme einer besonderen menschlichen Qualität wider, die eher mit theistischen Ansichten übereinstimmt, dass Menschen nach dem Bilde Gottes geschaffen werden.

3. Rationalität und Wahrheit

Während Nietzsche die christliche Metaphysik kritisiert, hegt er immer noch einen tiefen Respekt vor der Rationalität und dem Streben nach Wahrheit und betrachtet sie als edle Unternehmungen. Dies steht im Widerspruch zu einer streng naturalistischen Perspektive, in der Rationalität lediglich ein Überlebensinstrument ohne inhärenten Adel ist. Nietzsches Wertschätzung für die Wahrheitssuche steht im Einklang mit der christlichen Idee, dass das Streben nach Wahrheit eine hohe Berufung ist, die die Ordnung und Rationalität eines Schöpfers widerspiegelt.

4. Objektive ästhetische Urteile

Nietzsche betrachtet das Leben ästhetisch und beurteilt Handlungen und Ereignisse mit Begriffen wie „edel" oder „niedrig", was objektive ästhetische Standards impliziert. Doch wenn es keinen Gott gibt und alles erlaubt ist, wie er postuliert, dann sollte es keinen Grund für objektive ästhetische Urteile geben, was im Widerspruch zu dem Relativismus steht, der sich logischerweise aus seinem Atheismus ergeben sollte.

5. Freier Wille und Autonomie

Nietzsches Konzept der „Selbstüberwindung" und des Willens zur Macht setzt ein Maß an Autonomie und Willensfreiheit voraus. Ohne eine transzendente Quelle ist der freie Wille jedoch in einem atheistischen Rahmen, der oft zum Determinismus tendiert, schwer zu rechtfertigen. Sein Eintreten für die Autonomie des Einzelnen scheint im Widerspruch zu der Vorstellung zu stehen, dass alle Phänomene, einschließlich des menschlichen Verhaltens, das Ergebnis früherer Ursachen in einem geschlossenen physikalischen System sind.

6. Das Problem von Leiden und Sinn

In einer Welt ohne Gott sieht Nietzsche Leiden als einen integralen Teil der menschlichen Erfahrung, den der Einzelne interpretieren und ihm einen Sinn geben muss. Diese Perspektive scheint sich auf die christliche Erzählung zu stützen, dass Leiden einen Zweck hat oder erlösend sein kann. Ohne einen göttlichen Rahmen ist unklar, warum Leiden mehr als eine biologische Reaktion wäre, die es zu vermeiden gilt.

Zusammenfassend lässt sich sagen, dass Nietzsches Atheismus selektiv antitheistisch zu sein scheint und den christlichen Gott ablehnt, während er eine Reihe von Konzepten beibehält, die ohne eine solche Gottheit schwer zu rechtfertigen sind. Diese inneren Widersprüche legen nahe, dass Nietzsches Ablehnung des Christentums nicht so vollständig ist, wie es zunächst erscheinen mag; es scheint vielmehr, dass er eine selektive Affinität zu bestimmten christlichen Idealen aufrechterhält und sie zum Aufbau seines philosophischen Gebäudes nutzt. Diese selektive Übernahme ohne Anerkennung ihrer Ursprünge im christlichen Denken stellt eine erhebliche Herausforderung für die innere Kohärenz seiner atheistischen Haltung dar.

Nietzsches philosophische Behauptungen und ihre Übereinstimmung mit der Wirklichkeit

―――

Bei der Untersuchung der Behauptungen von Friedrich Nietzsche müssen wir die philosophischen Grundlagen und ihre Übereinstimmung mit den beobachtbaren und erfahrenen Realitäten der Welt berücksichtigen. Ziel dieses Anhangs ist es, die Übereinstimmung der Schlüsselideen Nietzsches mit der Realität zu beurteilen und dabei den subjektiven Charakter einer solchen Bewertung anzuerkennen.

1. Gott ist tot: Der kulturelle Wandel

Nietzsches Proklamation „Gott ist tot" ist weniger eine Tatsachenfeststellung als vielmehr ein Kommentar zum schwindenden Einfluss der christlichen Moral in der Gesellschaft. Während dies in einigen intellektuellen und kulturellen Kreisen zutreffen mag, deutet die anhaltende Verbreitung religiöser Überzeugungen weltweit darauf hin , dass diese Behauptung im weiteren Sinne nicht vollständig mit der kulturellen Realität vieler Gemeinschaften übereinstimmt.

2. Wille zur Macht: Menschliche Motivation dekonstruiert

Der „Wille zur Macht" ist eine überzeugende Erzählung zum Verständnis einiger menschlicher Verhaltensweisen, insbesondere in Wettbewerbs- und Konfliktkontexten. Dieses Prinzip reicht jedoch nicht aus, um die menschliche Motivation allgemein zu erklären. Akte der Selbstlosigkeit und Kooperation weisen darauf hin, dass es jenseits der Macht vielfältige Motivationen gibt, die in Nietzsches Rahmen nur teilweise anerkannt werden.

3. Ewige Wiederkehr: Von der Wissenschaft widerlegt

Nietzsches Konzept der ewigen Wiederkehr findet in der empirischen Wissenschaft keinen Rückhalt. Die entropiezentrierte Sicht des Universums, die eine Zunahme der Unordnung mit der Zeit vorschreibt, steht im Widerspruch zur Idee einer unveränderlichen, zyklischen Wiederholung von Ereignissen.

4. Übermensch: Autonomie und Ethik

Der Übermensch als Ideal selbstgeschaffener Werte erfasst die Realität menschlicher Autonomie und das existentielle Streben nach persönlicher Sinnfindung. Dennoch ist die Universalität dieses Konzepts begrenzt und es berücksichtigt nicht die soziale Dimension der menschlichen Existenz und den gemeinsamen Charakter ethischer Entwicklung.

5. Herr-Sklave-Moral: Vereinfachte Dichotomie

Während Nietzsches Dichotomie eine Perspektive für die Betrachtung historischer Klassenkämpfe bietet, ist sie zu einfach. Das Spektrum moralischer Systeme über Kulturen und Epochen hinweg spiegelt ein komplexeres Zusammenspiel von Werten wider, das über die binäre Herrschaft von Herren- und Sklavenmoral hinausgeht.

6. Nihilismus: Subjektive Interpretationen

Die Behauptung, dass das Leben keinen objektiven Sinn habe, findet bei manchen Anklang als Ausdruck ihrer existenziellen Erfahrung. Diese Sichtweise ist jedoch von Natur aus subjektiv und keine universelle Realität. Verschiedene philosophische und religiöse Traditionen liefern weiterhin Gegennarrative über Zweck und Wert.

7. Askisches Ideal: Jenseits von Verleugnung und Bestätigung

Nietzsches Kritik des asketischen Ideals umfasst das Potenzial der Selbstzerstörung in extremer Selbstverleugnung. Während die Realität die schädlichen Auswirkungen übermäßiger Askese zeigt, offenbart sie auch die Vorteile von Mäßigung und diszipliniertem Leben, was auf eine differenziertere Entsprechung als Nietzsches kategorische Ablehnung schließen lässt.

8. Kritik von Rationalität und Wahrheit: Der Nutzen der Vernunft

Nietzsches Skeptizismus gegenüber absoluter Wahrheit und Rationalität spiegelt ein umfassenderes philosophisches Verständnis wider, das die kognitiven Grenzen des Menschen anerkennt. Dennoch unterstreicht die Wirksamkeit von Wissenschaft und Logik die praktische Realität, dass Rationalität und das Streben nach Wahrheit fruchtbare menschliche Bemühungen sind.

9. Kritik an Demokratie und Christentum: Gesellschaftspolitische Dimensionen

Die Kritik an der Demokratie als Verfall steht nicht im Einklang mit dem Aufblühen demokratischer Gesellschaften, die Widerstandsfähigkeit und Anpassungsfähigkeit zeigen. Darüber hinaus ist die Bezeichnung des Christentums als „Sklavenmoral" ein subjektives Werturteil und keine empirische Beobachtung und entspricht nicht den positiven moralischen und sozialen Beiträgen, die das Christentum im Laufe der Geschichte geleistet hat.

Dieser Anhang reflektiert Nietzsches Behauptungen mit dem Verständnis, dass Philosophie oft über die empirische Validierung hinausgeht und dass die Übereinstimmung einer philosophischen Idee mit der Realität so vielfältig sein kann wie die Perspektiven, die sie interpretieren. Dennoch bietet dieser Versuch, Nietzsches Gedanken im Kontext der beobachtbaren Realität zu verankern, eine Grundlage für weitere Diskussionen und Kritik an seinem dauerhaften und provokanten Werk.

Fazit: Was bleibt, ist der Halo-Effekt.

Abschließend hat die Untersuchung von Friedrich Nietzsches Werk, wie in den Anhängen dargelegt, eine detaillierte Kritik seiner philosophischen Thesen vorgelegt, verschiedene Fehler – sachlicher, logischer und epistemologischer Art – aufgedeckt und die kognitiven Vorurteile hervorgehoben, die seiner Ablehnung zugrunde liegen könnten -Christliche und antitheistische Argumente. Durch die Analyse seiner Einwände gegen das Christentum und deren Gegenüberstellung mit den Grundsätzen des Glaubens haben wir Bereiche beleuchtet, in denen Nietzsche die Religion, die er so vehement kritisierte, möglicherweise falsch dargestellt oder missverstanden hat.

Nietzsches Erklärung vom „Tod Gottes" und die Konsequenzen, die er daraus in Bezug auf Moral, menschliche Absichten und gesellschaftliche Strukturen zieht, waren einflussreich, erfordern jedoch eine gründliche Analyse ohne den Halo-Effekt – bei dem der Ruf oder Einfluss einer Person übermäßig ins Gewicht fällt eine objektive Bewertung ihrer Argumente. Unsere Untersuchung zeigt, dass Nietzsche zwar eine beeindruckende intellektuelle Persönlichkeit mit einem Talent für provokatives und originelles Denken war, dies jedoch nicht unbedingt mit philosophischer Solidität oder Genauigkeit gleichzusetzen ist.

Insbesondere im philosophischen Bereich ist es von entscheidender Bedeutung, zwischen der Popularität einer Idee und ihrer Gültigkeit zu unterscheiden. Nietzsches anhaltender Einfluss auf philosophische und literarische Kreise kann zu einer Vermutung der Integrität seiner Ideen führen. Wenn wir jedoch ohne den Glanz seines Rufs prüfen, stellen wir fest, dass seine Argumente nicht vor Kritik gefeit sind.

DR SAMUEL JAMES

Die Aufgabe der Philosophie besteht darin, die Wahrheit durch Vernunft und Argumentation zu suchen, nicht durch Berufung auf Autoritäten oder Festhalten am Zeitgeist. Nietzsches Philosophie muss, wie jedes philosophische Werk, auf ihre eigenen Vorzüge hin abgewogen und geprüft werden. Ziel der Anhänge war es, eine solche kritische Prüfung zu ermöglichen und die Schichten des Rufs abzutragen, um die Kernideen Nietzsches zu hinterfragen.

Indem wir den Halo-Effekt beseitigen, können wir Nietzsches Beiträge zur Philosophie als das würdigen, was sie sind – nicht weniger, aber sicherlich nicht mehr. Durch eine solche kritische Prüfung können wir ein umfassenderes Verständnis erlangen, das dem Streben nach Wahrheit Vorrang vor dem Reiz der Rhetorik und der Verführung durch Ruhm einräumt.

Warum sollte Nietzsche Christ werden?

———

D ie Frage, warum eine Person, in diesem Fall Friedrich Nietzsche, über eine Konvertierung zum Christentum nachdenken sollte, ist zutiefst komplex und persönlich. Es beinhaltet eine vielschichtige Auseinandersetzung mit philosophischen, theologischen und existenziellen Überlegungen. Wenn man Nietzsche – oder tatsächlich jemanden, der von seinem Denken beeinflusst wurde – in Bezug auf das Christentum befürworten würde, könnte dies mehrere Argumente beinhalten, von denen Sie einige dargelegt haben:

Das Argument für den Theismus: Die Argumente für die Existenz Gottes können überzeugend sein und verschiedene philosophische und wissenschaftliche Argumentationsstränge umfassen. Der verstorbene Anthony Flew, einst ein bekannter Atheist, nannte Entwicklungen in der Wissenschaft, die darauf hindeuteten, dass das Universum einen Anfang (und damit eine Ursache) habe, als einflussreich für seine Konvertierung zum Deismus. Argumente wie das kosmologische Argument, das teleologische Argument und das moralische Argument bieten philosophische Gründe, die zu einer Neubetrachtung des Theismus anregen könnten.

Der historische Fall für die Auferstehung Jesu: Wissenschaftler wie Gary Habermas und William Lane Craig haben umfangreiche wissenschaftliche Arbeiten zur Historizität der Auferstehung Jesu Christi geliefert. Sie argumentieren, dass die Auferstehung die beste Erklärung für die historischen Fakten rund um den Tod Jesu und die berichteten Obduktionen sei. Wenn man diese Argumente überzeugend findet, könnte dies ein wichtiger Faktor bei der Prüfung der Wahrheitsansprüche des Christentums sein.

Unfähigkeit, das Christentum zu widerlegen: Wenn sich herausstellt, dass die eigene Kritik am Christentum, wie die von Nietzsche, nicht ausreicht, um seine Kernlehren zu widerlegen, könnte dies darauf hindeuten, dass das Christentum widerstandsfähiger und wahrer ist, als die Kritik ursprünglich zuließ. Eine Person könnte dann offen dafür sein, den Glauben weiter zu erforschen.

Die eigenen erkenntnistheoretischen Grenzen anerkennen: Das Erkennen der Grenzen des menschlichen Wissens und der möglichen Fehler in der eigenen Erkenntnistheorie könnte zu einer Neubetrachtung metaphysischer und existenzieller Gewissheiten führen. Nietzsches eigene Kritik könnte als Darstellung einer etwas allwissenden Erzählung angesehen werden, die im Lichte einer bescheideneren Herangehensweise an Wissen und Wahrheit überdacht werden könnte.

Wenn Nietzsche sich mit diesen Argumenten befassen würde, könnte dies ein radikales Umdenken seiner Voraussetzungen erfordern. Eine solche Neubetrachtung wäre jedoch nicht nur intellektueller Natur; es wäre auch zutiefst persönlich und transformativ. Die Annahme des Christentums beinhaltet nicht nur die Zustimmung zu bestimmten Wahrheiten, sondern auch eine Begegnung mit dem christlichen Verständnis von Gott als einem persönlichen und liebevollen Wesen sowie die Verpflichtung, nach christlichen moralischen und spirituellen Grundsätzen zu leben.

Während es ein faszinierendes Gedankenexperiment ist, Nietzsche (oder eine andere Person) in Betracht zu ziehen, die sich mit diesen Argumenten auseinandersetzt, muss unbedingt beachtet werden, dass Bekehrung oft mehr ist als ein intellektueller Aufstieg; Dabei handelt es sich typischerweise um eine tiefgreifende persönliche Erfahrung oder Offenbarung.

Das Gebet eines Suchenden

———

Göttliche Essenz von allem, was ist, dem die Geheimnisse des Universums bekannt sind,

Ich befinde mich an einem Scheideweg und suche nach Verständnis und Wahrheit in einer Welt voller Stimmen und Wege. Ich bin ein Suchender und sehne mich nach Antworten auf Fragen, die in den Tiefen meines Wesens kreisen.

Schenke mir den Mut, Fragen zu stellen, die Kraft, Ungewissheit zu ertragen, und die Offenheit, mich dorthin führen zu lassen, wohin ich mich nicht zu wagen gewagt habe. Erleuchte meinen Geist mit Weisheit, die über meine eigenen Grenzen hinausgeht, und berühre mein Herz mit Mitgefühl und Anmut.

Wenn im leisen Flüstern des Geistes, in den großartigen Erzählungen antiker Texte oder im stillen Wunder des Kosmos Wahrheit zu finden ist, führen Sie mich dorthin. Wenn es einen Weg gibt, der für mich bestimmt ist, zeige mir seine Anfänge und gib mir die Ausdauer, ihm zu folgen.

Hilf mir, inmitten des Lärms mit Klarheit zu erkennen, das, was über mein Verständnis hinausgeht, mit Demut anzunehmen und auf der Entdeckungsreise Frieden zu finden. Möge ich bereit sein, mich durch die Wahrheiten, denen ich begegne, verwandeln zu lassen und das Licht des Bewusstseins mit anderen zu teilen.

Wenn meine Existenz einen Sinn hat, eine Berufung, die mich lockt, oder eine Liebe, die meine Seele umhüllen will, dann führe mich zu ihrer Quelle. Und lass mich bei meiner Suche auf die Suchenden um mich herum achten und an ihren Reisen als Teil des größeren Geflechts menschlicher Sehnsüchte teilhaben.

DR SAMUEL JAMES

In diesem Moment des Gebets erkenne ich an, dass ich Führung brauche. Möge es in der Form kommen, die ich empfangen kann, und möge ich die Weisheit haben, es zu erkennen, wenn es erscheint.

Amen.

Don't miss out!

Visit the website below and you can sign up to receive emails whenever Dr Samuel James publishes a new book. There's no charge and no obligation.

https://books2read.com/r/B-A-POGBB-MVQQC

BOOKS 2 READ

Connecting independent readers to independent writers.

Did you love *Nietzsche Entlarven: Eine Christliche Antwort*? Then you should read *Buddhismus: Bloße Spekulation*[1] by Samuel Inbaraja S!

[2]

"Buddhismus: Bloße Spekulation" ist ein fesselndes Buch, das eine umfassende Einführung in den Buddhismus bietet. Tauchen Sie ein in die faszinierende Welt dieser uralten Religion und erfahren Sie mehr über ihre Herkunft, zentrale Lehren und verschiedene Ausprägungen.

In den ersten Kapiteln des Buches erhalten Sie eine fundierte Einführung in den Buddhismus. Erfahren Sie mehr über seine historischen Wurzeln, die Entstehung des Buddhismus und die Lebensgeschichte des Buddha. Tauchen Sie ein in die zentralen Lehren des Buddha und erkunden Sie die Weisheiten und Prinzipien, die den Buddhismus ausmachen.

---

1. https://books2read.com/u/bPLo1r

2. https://books2read.com/u/bPLo1r

Das Buch geht auch auf Annahmen und Aberglauben ein, die im Buddhismus existieren können, und bietet Ihnen eine kritische Perspektive auf bestimmte Aspekte dieser Religion. Sie werden auch über verschiedene Zweige des Buddhismus informiert, einschließlich des Theravada, Mahayana und Vajrayana, und erhalten Einblicke in ihre Unterschiede und Besonderheiten.

Ein besonderes Kapitel widmet sich Kaiser Asoka, einem wichtigen historischen Akteur, der den Buddhismus in der antiken Welt förderte und verbreitete. Sie werden auch interessante Vergleiche zwischen dem Buddhismus und dem Christentum entdecken und die Unterschiede zwischen Karma und Gnade kennenlernen.

Ein faszinierender Abschnitt des Buches präsentiert die Gedanken des U2-Sängers Bono über Karma und Gnade. Erfahren Sie mehr über seine persönlichen Reflexionen und wie er diese Konzepte in seiner eigenen Spiritualität integriert.

Das Buch bietet auch praktische Ratschläge, wie man das Evangelium mit buddhistischen Menschen teilt und Christi Angebot an Buddhisten vermittelt. Es beleuchtet auch philosophische Schwächen des Buddhismus und bietet eine reflektierte Analyse dieser Religion.

"Buddhismus: Bloße Spekulation" ist ein wertvolles Werk für alle, die mehr über den Buddhismus erfahren möchten und sich für den interreligiösen Dialog interessieren. Bestellen Sie noch heute und erweitern Sie Ihr Verständnis über diese bedeutende spirituelle Tradition!

Read more at https://www.udemy.com/user/samuel-inbaraja-s/.

Also by Dr Samuel James

Watch for more at https://www.linkedin.com/in/dr-samuel-inbaraja/.

About the Author

Dr Samuel James

Author (200 books)2 Medical & 3 Business DegreesTop 20 Global MBA graduate, Deakin Uni, AusSpecialist Radiologist academic institutions UG medicine from JIPMER (2nd in India and 55 Global rank)My other PEN NAMES:1) **Samuel James MD MBA** - https://books2read.com/ap/xrwpDd/Samuel-James-MD-MBA 2) **Samuel Inbaraja S** - https://books2read.com/ap/n9ja09/ Samuel-Inbaraja-S 3) **Dr. Samuel James MBA** - https://books2read.com/ap/xygmbj/Dr-Samuel-James-MBAFollow me and check out my books.**ABOUT:**Dr. Sam is primarily a Doctor, specializing in Diagnostic Radiology. He is into writing books and his area of interest includes Christian spirituality/theology, Christian apologetics, comparative religion, Diagnostic Radiology, travel and cooking.**Education:** · MBBS – JIPMER – 1998 -2004· PG Diploma Hospital Management – 2009 -2010· Radiology Residency – Dnipro Medical Academy Ukraine – 2010-2012· Certificate in Christian

Apologetics, Biola, USA -2018· Change Management – Johns Hopkins University, USA· PG Program in Management – IMT Ghaziabad - 2021· Global MBA – Deakin University, Australia – 2022· Foundations: Data, Data Everywhere – Google – 2022· Foundations of User Experience Design – Google – 2022· IBM AI Foundations for Business - 2023

Read more at https://www.linkedin.com/in/dr-samuel-inbaraja/.

Milton Keynes UK
Ingram Content Group UK Ltd.
UKHW020746231123
433129UK00017B/1167